Inhaltsverzeichnis

1. Warum schreibe ich dieses Buch?

Pflege ist ein Beruf, der oft unterschätzt wird. Von außen betrachtet mag es so aussehen, als ginge es nur darum, Medikamente zu verteilen, Menschen zu waschen und ihnen beim Essen zu helfen. Doch wer selbst in der Pflege arbeitet, weiß: Es steckt so viel mehr dahinter. Es sind die kleinen, unsichtbaren Momente, die diesen Beruf ausmachen – die herzlichen Begegnungen, die Herausforderungen, die lustigen und manchmal auch absurden Erlebnisse, die Tränen, die Freude und die unermüdliche Hingabe.

Ich habe dieses Buch geschrieben, weil ich zeigen möchte, was die Arbeit in der Pflege wirklich bedeutet. Ich möchte einen Einblick in den Alltag geben, in die schönen, aber auch in die schwierigen Seiten. Dieses Buch ist für alle, die sich für die Pflege interessieren, für diejenigen, die vielleicht selbst überlegen, in diesen Beruf einzusteigen, und für diejenigen, die einfach wissen möchten, was hinter den Kulissen eines Pflegeheims passiert.

Als ich in die Pflege kam, wusste ich nicht genau, was mich erwarten würde. Ich hatte viele verschiedene Berufe ausprobiert, aber nie das Gefühl gehabt, wirklich angekommen zu sein. Erst durch die Pflege habe ich gemerkt, was es heißt, mit Leidenschaft zu arbeiten – und wie erfüllend es sein kann, Menschen in ihrem Alltag zu begleiten, sie zu unterstützen und für sie da zu sein. Aber ich habe auch gelernt, dass dieser Beruf seine Schattenseiten hat: den Personalmangel, den Stress, die emotionale Belastung und die oft fehlende Anerkennung.

Mit diesem Buch möchte ich nicht nur die Realität dieses Berufs zeigen, sondern auch ein Stück Wertschätzung weitergeben – an alle Pflegekräfte, die Tag für Tag ihr Bestes geben. Ich möchte die Geschichten erzählen, die sonst oft unerzählt bleiben. Die Momente, in denen ein Bewohner das Leben auf den Kopf stellt, in denen Tränen vor Lachen oder Rührung fließen. Ich möchte zeigen, wie nah Leben und Tod in der Pflege beieinanderliegen, wie wir in einem Moment noch gemeinsam lachen und im nächsten einen Bewohner verabschieden müssen.

Aber dieses Buch soll auch Mut machen. Denn trotz aller Herausforderungen ist die Pflege ein Beruf, der unglaublich viel zurückgibt. Wer mit Herz dabei ist, kann etwas bewegen – nicht nur für die Bewohner, sondern auch für sich selbst. Man wächst an den Begegnungen, lernt fürs Leben und wird sich immer wieder bewusst, was wirklich zählt: Menschlichkeit, Respekt und Zusammenhalt. Ich hoffe, dass dieses Buch zum Nachdenken anregt, berührt und vielleicht sogar ein bisschen zum Schmunzeln bringt. Ich möchte die Pflege greifbar machen – mit all ihren Facetten. Denn die Geschichten aus dem Pflegealltag sind es wert, erzählt zu werden.

1.1 Mein Weg in die Pflege

Ich habe im Laufe meines Lebens viele Berufe ausprobiert, doch ich war immer jemand, der nur dann wirklich aufblüht, wenn die Arbeit Spaß macht. Lange

Zeit fühlte ich mich in den konventionellen Jobs nicht erfüllt – es fehlte das gewisse Etwas, die Leidenschaft. Eines Tages stieß ich zufällig auf eine Leihfirma, die Pflegekräfte vermittelte. Neugierig und mit einem Funken Hoffnung, dass es vielleicht doch etwas für mich sein könnte, wagte ich den Schritt in die Pflege.

Der Anfang war alles andere als einfach. Ich kämpfte mich durch die vielen Herausforderungen, die der Beruf mit sich brachte, und musste mich in einem völlig neuen Umfeld zurechtfinden. Doch je mehr ich mich in die Aufgaben vertiefte, desto mehr entdeckte ich, dass inmitten des Chaos und der Hektik auch ein besonderer Zauber lag. Langsam aber sicher begann sich eine Freude in mir zu entwickeln – Freude daran, für andere da zu sein, sie zu unterstützen und mit einem Lächeln den Alltag zu verschönern.

Dieser wachsende Funken führte schließlich dazu, dass ich von der Leihfirma zu einem festen Team wechselte. Dort absolvierte ich ein Freiwilliges Soziales Jahr (FSJ) und legte den Grundstein für meine weitere berufliche Laufbahn in der Pflege. Im Anschluss folgte die Ausbildung, und mit jedem Tag wurde mir bewusst, dass ich endlich meine Berufung gefunden hatte.

Heute blicke ich dankbar auf diesen Weg zurück. Die anfänglichen Schwierigkeiten haben mich gelehrt, dass

wahre Erfüllung oft erst nach harter Arbeit und dem Mut, neue Wege zu gehen, erreicht wird – und dass man manchmal genau dort das Glück findet, wo man es am wenigsten erwartet.

2. Von Sonnenaufgang bis Übergabe

Der Tag beginnt noch vor dem ersten Licht, wenn ich mich auf die Übergabe mit dem Nachtdienst vorbereite. In diesen stillen Momenten spüre ich bereits die Verantwortung und den bevorstehenden Mix aus liebevollen Gesten und nervigen Herausforderungen, die dieser Beruf mit sich bringt. Die Geschichten der vergangenen Nacht – von kleinen Notfällen bis zu unerwarteten Zwischenfällen – werden weitergegeben, während ich mich mental auf den Frühdienst einstimme.

Um 6:30 Uhr startet der offizielle Beginn des Frühdienstes. Der Tag beginnt mit der akribischen Vorbereitung der Medikamente: Tabletten, Tropfen und Betäubungsmittel (BTM) werden sorgfältig dosiert und bereitgestellt. Genau in diesem Moment weiß man, dass Präzision über das Wohlergehen der Bewohner entscheidet.

Sobald die Medikamente verteilt werden, öffnet sich das bunte, manchmal auch chaotische Leben im Haus. Es ist nicht immer nur der ruhige, routinierte Ablauf – manchmal sind es gerade die kleinen Unstimmigkeiten, die den Tag prägen. So begegnet man etwa einem Bewohner mit Demenz, der trotz des gerade erst angereichten Essens plötzlich verkündet, er wolle noch etwas essen. Ein Moment, der uns daran erinnert, wie unberechenbar und herausfordernd der Alltag sein kann. Kurz vor der

Schichtübergabe ertönt dann auch schon der laute Schrei eines Bewohners, der ungeduldig protestiert: „Warum hat noch keiner auf mich aufgepasst? Es ist schon viel zu spät!" Solche Momente, in denen Erwartungen und Realität auseinanderklaffen, gehören leider zum Alltag. Nicht selten kommt es auch vor, dass ein Bewohner in seinem Zimmer beginnt, auf unkonventionelle Weise für Aufsehen zu sorgen – etwa indem er in seinem Zimmer uriniert und dabei alles mit seinen Spuren „verschönert".

Immer wieder wird der Alarm ausgelöst, wenn eine Bewohnerin über Langeweile klagt – sie klingelt ständig an der Tür und verlangt Toilettengänge, obwohl der physiologische Bedarf längst längst vorbei ist. Währenddessen häufen sich auch die Beschwerden der Angehörigen: Sie kritisieren, dass ihre Liebsten nicht ausreichend versorgt werden oder dass kleinere Versäumnisse im Ablauf zu größeren Problemen führen.

In stressigen Momenten, wenn ein Bewohner stürzt oder sich sein Zustand dramatisch verschlechtert, zählt jede Sekunde – manchmal ist es notwendig, sofort einen Rettungswagen zu rufen. Und es gibt auch Tage, an denen ein Bewohner verstirbt oder gar aus dem Altenheim abhaut, sodass das gesamte Haus in Aufruhr gerät und intensiv nach der fehlenden Person gesucht wird.

Nicht zu vergessen sind die Streitereien zwischen den

Bewohnern, die oft den sonst friedlichen Ablauf stören. Einerseits gibt es Bewohner, die auf ihre ganz eigene Ordnung pochen – etwa weil ihre Decke exakt 2 cm von der Wand entfernt und ohne Falte liegen muss – andererseits kommt es vor, dass stark dementielle Bewohner in alle Zimmerräume wandern oder sich gar weigern, versorgt zu werden.

Manchmal eskalieren die Situationen derart, dass das Pflegepersonal persönlich angegriffen wird – von verbalen Angriffen bis hin zu körperlichen Auseinandersetzungen, wie Schläge. Und dann gibt es Tage, an denen schlichtweg zu wenig Personal da ist, weil Kollegen krankmelden – an solchen Tagen ist es ein Kraftakt, wenn drei Pfleger gleichzeitig rund 30 Bewohner betreuen müssen.

Zwischen all diesen Herausforderungen gibt es natürlich auch die ruhigen, fast ritualisierten Momente, in denen routinierte Aufgaben wie das Wechseln der Vorlagen oder das Führen der administrativen Tätigkeiten ablaufen. Doch gerade diese nervigen und chaotischen Augenblicke machen den Alltag in der Pflege so unvorhersehbar und emotional geladen – und sie erinnern uns daran, dass jeder Tag neu ist, mit all seinen Freuden und Schwierigkeiten.

2.1 Der Spätdienst – Wenn der Tag zur Ruhe kommt, aber die Arbeit nicht endet

Der Spätdienst beginnt mit der Übergabe vom Frühdienst – eine kurze, aber wichtige Zusammenfassung darüber, wie der Tag bisher verlaufen ist. Wer braucht besondere Aufmerksamkeit? Gab es Vorfälle? Welche Aufgaben sind noch offen? Diese Informationen sind entscheidend, um den Abend gut zu organisieren.

Nachdem die ersten Informationen ausgetauscht sind, beginnt die eigentliche Arbeit. Bewohner, die bettlägerig sind, müssen umgelagert und ihre Vorlagen kontrolliert werden. Jene, die nur noch eingeschränkt mobil sind, werden in den Rollstuhl mobilisiert und in die Küche gebracht. Besonders Bewohner mit Demenz werden oft direkt von ihren Zimmern abgeholt, da sie den Überblick über Tageszeiten verloren haben und sich sonst möglicherweise nicht zum Abendessen einfinden würden.

Währenddessen gehen die fitteren Bewohner meist selbstständig nach unten ins Restaurant, wo sie gemeinsam speisen. Wer zwar fit, aber auf Unterstützung angewiesen ist, wird von uns begleitet. Dabei merkt man oft, wie unterschiedlich die Bedürfnisse jedes Einzelnen sind – während die einen sich über den gemeinsamen Abend freuen, ist es für andere eher eine Herausforderung.

Dann folgt eine Phase, die für das Pflegepersonal meist besonders intensiv ist: Neben der Betreuung der Bewohner müssen noch Aufgaben aus dem Frühdienst erledigt werden, die im Tagesgeschäft liegen geblieben sind. Theoretisch gäbe es gegen 16 Uhr eine Pause – doch die Realität sieht oft anders aus. Kaum sitzt man für einen Moment, klingelt es irgendwo. Ein Bewohner muss auf Toilette, ein anderer sucht nach einer bestimmten Pflegekraft, Angehörige haben Fragen oder ein Notfall tritt ein. In der Pflege ist es selten möglich, sich einfach für 30 Minuten auszuklinken.

Gegen 17 Uhr beginnt die Medikamentenrunde. Die Bewohner bekommen ihre Tabletten, Diabetiker erhalten ihre Blutzuckermessung und Insulindosis. Auch dieser Moment erfordert höchste Konzentration – Fehler dürfen hier nicht passieren.

Um 18 Uhr ist das Abendessen. Diejenigen, die Hilfe benötigen, werden beim Essen unterstützt. Währenddessen bereitet das Pflegepersonal in der Küche die Mahlzeiten für die Bewohner vor, die nicht selbstständig essen können. Nachdem das Abendbrot beendet ist, beginnt die nächste große Aufgabe: Die Versorgung aller Bewohner für die Nacht. Das bedeutet Körperpflege, Hilfe beim Umziehen, Toilettengänge und das Lagern der bettlägerigen Bewohner.

Hier wird besonders deutlich, dass der Spätdienst oft personell unterbesetzt ist – meist sind nur zwei oder drei Pflegekräfte für etwa 30 Bewohner verantwortlich. Es ist eine Herausforderung, jedem gerecht zu werden, sich Zeit zu nehmen und gleichzeitig zügig zu arbeiten, um den Zeitplan nicht zu sprengen.

Nachdem alle versorgt sind, beginnt der dokumentarische Teil. Maßnahmen werden abgehakt, wichtige Ereignisse und Beobachtungen dokumentiert. Wer hatte Schmerzen? Gab es Auffälligkeiten? Ist jemand gestürzt oder unruhig gewesen?

Um 20 Uhr werden dann die letzten Medikamente für die Nacht verteilt. Manche Bewohner schlafen bereits, andere sind noch wach und möchten noch ein wenig fernsehen oder lesen.

Gegen 21 Uhr trifft der Nachtdienst ein, und es folgt die letzte Übergabe des Tages. Der Abend war lang, oft anstrengend, manchmal auch hektisch. Aber trotz aller Herausforderungen gibt es in diesem Beruf Momente, die alles aufwiegen – ein dankbares Lächeln, eine freundliche Geste oder einfach das Wissen, dass man jemandem geholfen hat, sich ein Stück wohler zu fühlen.

Dann ist Feierabend. Doch anders als in anderen Berufen kann man die Arbeit nicht einfach an der Tür des Wohnheims ablegen. Manche Geschichten nimmt man mit nach Hause, manche Gesichter bleiben im Kopf.

Doch eines ist sicher: Morgen geht es weiter – mit neuen Herausforderungen, neuen Begegnungen und der Gewissheit, dass man für andere da war.

3. Meine Lustigste und bewegendste Erlebnisse mit Bewohnern

Manchmal glaubt man, man kennt den Alltag in der Pflege in- und auswendig – doch dann passieren Ereignisse, die selbst die routiniertesten Pflegekräfte überraschen. Es sind genau diese Momente, in denen das Leben zeigt, wie unvorhersehbar und bunt es sein kann.

Ich erinnere mich an einen besonders denkwürdigen Morgen in der Küche. Während sich die meisten Bewohner ganz gewöhnlich an den Tischen versammelten, nahm eine Bewohnerin das Geschehen ganz anders in die Hand. Mit einer Mischung aus kindlicher Neugier und eigenwilliger Kreativität „gestaltete" sie die Küche auf ihre ganz eigene Art – sie hinterließ dort ein Chaos, das man am besten als künstlerisch exzentrisch beschreiben könnte. Über Nacht hatte sie die Küche „eingekotet" und die Tische damit regelrecht bemalt. Anstatt sich darüber zu ärgern, blieb uns oft nur ein Kopfschütteln und ein leises Lachen über die Eigenheiten, die das Leben in der Pflege mit sich bringt.

Ein anderes Mal betrat eine demenzkranke Dame unser

Dienstzimmer und bat ganz unschuldig um die Telefonnummer vom Taxi. Zunächst dachten wir: „Ach,

sie wird es sowieso gleich wieder vergessen." Also gaben wir ihr die Information ohne größere Bedenken. Wenige Stunden später erreichte uns ein überraschender Anruf: Ein Krankenhaus meldete, dass eine Bewohnerin bei ihnen sei, die dringend geröntgt werden müsse – offenbar hatte sie tatsächlich das Taxi angerufen. Dieser Zwischenfall lehrte uns eine wichtige Lektion: Unabhängig davon, wie orientiert jemand zu sein scheint, sollte man sensible Informationen niemals leichtfertig weitergeben.

Diese Anekdoten, so skurril sie auch klingen mögen, zeigen den besonderen Reiz und die Herausforderungen des Pflegealltags. Hinter jedem ungewöhnlichen Vorfall steckt nicht nur der Schock oder die Verärgerung, sondern auch ein Stück Menschlichkeit und die Erkenntnis, dass in diesem Beruf nichts in Stein gemeißelt ist – und gerade das macht jeden Tag so unvergesslich.

4. Herzliche Gesten von Bewohnern und Angehörigen

Doch so intensiv und chaotisch der Tag auch beginnen mag, es gibt immer wieder Augenblicke, die zeigen, warum man diesen Beruf so sehr liebt. Nach der Versorgung bleibt oft ein Gefühl der Dankbarkeit zurück.

Ein Bewohner bedankt sich auf seine ganz eigene, herzliche Weise, was den Tag mit einem Lächeln versüßt. Manchmal überrascht es einen sogar: Ein Bewohner lässt sich sogar Würstchen vom Markt bringen – eine kleine Geste, die zeigt, wie sehr das Pflegepersonal geschätzt wird.

Manche Bewohner überraschen das Pflegepersonal mit selbstgemachten Geschenken – sei es ein gehäkeltes Deckchen, eine liebevoll gestrickte Socke oder ein kleines, selbstgemaltes Bild.

Besonders rührend ist es, wenn Bewohner voller Stolz ihrer Familie von einer Pflegekraft erzählen. Sie sprechen von ihr nicht nur als jemandem, der hilft, sondern als jemandem, der für sie da ist – als Bezugsperson, als Vertrauter. In diesen Momenten wird einem bewusst, dass man nicht nur eine Aufgabe erfüllt, sondern für jemanden wirklich wichtig geworden ist.

Und dann gibt es Bewohner, die jeden Abend mit einem warmen Lächeln sagen: „Ich bete für Sie" oder „Ich wünsche Ihnen einen schönen Feierabend." Diese Worte zeigen, dass die Fürsorge nicht nur in eine Richtung geht.

Auch die Bewohner geben etwas zurück – sei es durch Dankbarkeit, ein paar liebe Worte oder ein herzliches Lächeln.

Auch die Angehörigen tragen zu diesem positiven Klima bei. Sie kommen auf einen zu und bedanken sich persönlich für die liebevolle Betreuung, die ihre Liebsten erhalten. Manchmal bringt ein Dankeschön in Form von Süßigkeiten oder sogar einem selbstgebackenen Kuchen ein Stückchen Freude in den oft anstrengenden Alltag des Pflegepersonals.

4.1 Warum trotz allem der Beruf so erfüllend sein kann

Die Arbeit in der Pflege ist nicht einfach. Sie ist körperlich und emotional fordernd, oft begleitet von Zeitdruck und Herausforderungen, die einen an die eigenen Grenzen bringen. Doch trotz aller Anstrengung – oder vielleicht gerade deswegen – ist es ein Beruf, der auf eine ganz besondere Weise erfüllt. Pflege bedeutet, für Menschen da zu sein, die Hilfe brauchen. Es ist mehr als nur eine Aufgabe – es ist eine Berufung. Man begleitet

Menschen in den unterschiedlichsten Lebenslagen: in Freude und Trauer, in Gesundheit und Krankheit, in Hoffnung und Verzweiflung. Dabei entsteht eine Verbindung, die über das bloße Versorgen hinausgeht. Man wird Teil ihres Alltags, ein vertrautes Gesicht, eine Stütze in schwierigen Zeiten.

Einer der erfüllendsten Aspekte dieses Berufs ist die Dankbarkeit, die man erfährt – nicht nur in Worten, sondern auch in kleinen Gesten. Ein einfaches „Danke", eine warme Berührung der Hand oder das Strahlen in den Augen eines Bewohners können mehr bedeuten als jede finanzielle Anerkennung. Manchmal sind es die stillen Momente, in denen ein Bewohner dich anschaut und einfach froh ist, dass du da bist, die einem das Herz erwärmen.

Es gibt Bewohner, die aus tiefstem Herzen sagen: „Ohne dich wäre mein Tag nicht derselbe." Angehörige, die mit Tränen in den Augen danken, weil sie wissen, dass ihr geliebter Mensch in guten Händen ist. Oder Momente, in denen ein Bewohner, der sich sonst kaum äußert, plötzlich deinen Namen nennt. Diese Augenblicke machen bewusst, dass das, was man tut, einen echten Unterschied im Leben anderer macht.

Der Pflegeberuf ist alles, nur nicht monoton. Kein Tag gleicht dem anderen. Jeder Bewohner hat seine eigene

Geschichte, seine eigenen Bedürfnisse und Eigenheiten. Es gibt lustige Momente, wenn Bewohner mit ihrer charmanten

Art einen zum Lachen bringen. Skurrile Situationen, die den Alltag auflockern. Und natürlich auch traurige Momente, die einen nachdenklich machen, aber gleichzeitig die eigene Menschlichkeit stärken.

Diese Vielfalt macht den Beruf lebendig. Man wächst mit jeder neuen Herausforderung, lernt mit jeder Situation, entwickelt sich weiter – fachlich und persönlich. Man erfährt, wie wichtig Geduld, Mitgefühl und Einfühlungsvermögen sind. Man merkt, dass es nicht nur darum geht, Medikamente zu verteilen oder Körperpflege durchzuführen, sondern darum, den Menschen hinter der Krankheit zu sehen.

Ein weiterer Aspekt, der den Beruf so erfüllend macht, ist das Miteinander im Team. Pflege kann anstrengend sein, aber wenn man Kolleginnen und Kollegen hat, die zusammenhalten, wird der stressigste Tag erträglicher. Man unterstützt sich gegenseitig, lacht zusammen, meistert schwierige Situationen und gibt sich Kraft. In vielen Fällen werden die Kollegen zu einer zweiten Familie, weil man gemeinsam so viel erlebt – sei es bei Notfällen, bei humorvollen Begegnungen mit Bewohnern oder in den ruhigen Momenten, in denen man einfach weiß: Wir schaffen das zusammen.

Die Arbeit in der Pflege verändert die eigene Sicht auf das Leben. Man lernt, wie kostbar Gesundheit ist, wie schnell sich das Leben ändern kann und wie wichtig es ist, den Moment zu schätzen. Man begegnet Menschen, die unglaublich viel erlebt haben, deren Geschichten inspirieren und einen selbst zum Nachdenken bringen.

Es gibt Bewohner, die dir raten, dein Leben zu genießen, solange du es kannst. Andere erzählen von Fehlern, die sie bereuen, oder von Erlebnissen, die sie nie vergessen haben. Diese Gespräche sind unbezahlbar – sie sind echte Lebenslektionen, die man nirgendwo sonst so hautnah bekommt.

Letztendlich ist Pflege weit mehr als nur ein Job. Es ist eine Aufgabe mit Sinn, mit Verantwortung, mit Herz. Es geht darum, Menschen in ihren schwächsten Momenten beizustehen, ihnen Geborgenheit und Würde zu schenken, sie auf ihrem Lebensweg zu begleiten – manchmal bis zum letzten Atemzug.

Natürlich gibt es Tage, an denen man müde ist, frustriert oder an der Gesellschaft zweifelt, die diesen wichtigen Beruf oft unterschätzt. Doch dann gibt es wieder diese Momente, in denen man merkt: Es lohnt sich. Die warmen Worte, die dankbaren Blicke, das ehrliche Lächeln eines Bewohners – das sind die Dinge, die die Pflege so besonders machen.

Pflege ist nicht für jeden. Aber wer diesen Beruf mit Herz ausübt, der weiß: Es ist einer der erfüllendsten Berufe, die es gibt.

5. Meine persönlichen Erkenntnisse und Tipps für Pflegekräfte

Über die Jahre habe ich viele Herausforderungen im Pflegealltag erlebt, und dabei ist mir klar geworden, dass es vor allem auf die Einstellung ankommt. Eine positive Grundhaltung ist essenziell: Starte jeden Tag mit guter Laune – denn wenn du gut gelaunt bist, spüren es auch die Bewohner, und das strahlt sich in der gesamten Atmosphäre aus.

Ein weiterer wichtiger Punkt ist die Vorbereitung. Ich habe gelernt, dass es hilft, vorab Dinge zu erledigen oder vorzubereiten. So hat man später weniger Stress, denn in der Pflege weiß man nie genau, welche unerwarteten Ereignisse im Laufe des Dienstes noch auf einen zukommen werden.

Das Arbeiten im Team spielt eine zentrale Rolle. Hilf deinen Kollegen, wenn es nötig ist – denn oft kommt der Moment, in dem du selbst Unterstützung brauchst und deine Kollegen dann einspringen. Offene und ehrliche Gespräche im Team, gerade wenn einen etwas bedrückt, schaffen ein Gefühl der Verbundenheit und helfen, gemeinsam Lösungen zu finden.

Außerdem habe ich erkannt, dass der Job nur dann erfüllend ist, wenn man von Anfang an mit einem guten Gefühl zur Arbeit kommt. Wenn sich etwas nicht richtig anfühlt, ist das ein Zeichen, dass vielleicht ein anderer Weg oder ein anderes Umfeld besser zu einem passt.

Denn in diesem Beruf verbringt man so viel Zeit, dass er letztlich fast wie eine zweite Familie wird.

Motivation und Anerkennung sind ebenso wichtig: Zeige deinen Kollegen, dass ihre Arbeit geschätzt wird – ein kleines Lob, der Hinweis, dass sie heute vielleicht ein paar Minuten früher gehen können, weil sie so gute Arbeit geleistet haben, kann Wunder wirken. Als Pflegefachkraft trägst du auch eine Vorbildfunktion. Indem du zeigst, wie man mit Respekt, Professionalität und Menschlichkeit arbeitet, setzt du Maßstäbe für dein Team.

Fehler gehören zum Leben dazu. Wenn einmal etwas schiefgeht, ist es wichtig, die Kollegen nicht zurechtzuweisen, sondern gemeinsam an einer Lösung zu arbeiten. Das fördert ein positives Betriebsklima und verhindert, dass sich jemand zurückgezogen fühlt.

Und schließlich: Wenn der Feierabend naht, dann lass die Arbeit wirklich hinter dir. Abschalten und den Tag ausklingen zu lassen, ist nicht nur gut für den Kopf, sondern auch entscheidend, um langfristig gesund und motiviert zu bleiben.

Nicht zuletzt gilt: Biete Hilfe an, wenn sie benötigt wird. In einem gut funktionierenden Team weiß jeder, dass aufeinander Verlass ist – und irgendwann wird genau das auch dir zugutekommen.

Diese Erkenntnisse begleiten mich jeden Tag und haben

mich nicht nur als Pflegekraft, sondern auch als Mensch wachsen lassen. Sie sind das Fundament für einen harmonischen Arbeitsalltag und zeigen, wie viel in den kleinen Gesten und im Miteinander steckt.

6. Was diesen Beruf so besonders macht

Die Pflege ist mehr als ein Beruf – sie ist eine Berufung, die jeden Tag aufs Neue beweist, wie bedeutsam menschliche Nähe und Fürsorge sind. Was diesen Beruf so besonders macht, ist die einzigartige Mischung aus Mitgefühl, Professionalität und der Bereitschaft, sich voll und ganz auf andere einzulassen.

Jeden Tag begegne ich Menschen in ihren intimsten Momenten: Da sind die strahlenden Augen, wenn ein Bewohner sich erkenntlich zeigt, die kleinen Gesten, die zeigen, dass jemand trotz aller Widrigkeiten nicht aufgibt, und die leisen Worte, die Mut machen – selbst in den schwierigsten Zeiten. Es sind diese Augenblicke, in denen sich der wahre Wert des Berufs offenbart. Pflege bedeutet, Lebensgeschichten anzufassen, Menschen zu begleiten und gemeinsam durch Höhen und Tiefen zu gehen.

Doch wie in jedem Beruf gibt es auch in der Pflege Herausforderungen: der tägliche Stress, der Personalmangel und die unvorhergesehenen Momente, in denen das Leben einen ganz anderen Weg einschlägt. Gerade diese Herausforderungen lehren uns, flexibel zu bleiben, kreativ zu denken und in einem starken Team zusammenzuhalten.

Die Solidarität und der Zusammenhalt, die in schwierigen Situationen entstehen, sind das Fundament, auf dem dieser Beruf aufbaut.

6.1 was ich mir für die Zukunft wünsche

Als Pflegefachkraft wünsche ich mir für die Zukunft eine Vielzahl von positiven Veränderungen, die sowohl die Arbeitsbedingungen für Pflegekräfte als auch die Lebensqualität der älteren Menschen, die wir betreuen, verbessern.

Zunächst einmal ist es mir ein großes Anliegen, dass die Wertschätzung für den Pflegeberuf steigt. Pflegekräfte leisten tagtäglich einen unverzichtbaren Beitrag zur Gesellschaft, und es ist wichtig, dass dies auch in der Öffentlichkeit anerkannt wird. Ich wünsche mir, dass die Gesellschaft die Bedeutung der Altenpflege erkennt und uns die Anerkennung und den Respekt entgegenbringt, den wir verdienen.

Dies könnte durch Kampagnen geschehen, die das

Bewusstsein für die Herausforderungen und die

Wichtigkeit unserer Arbeit schärfen.

Ein weiterer Wunsch ist die Verbesserung der Arbeitsbedingungen in der pflege. Oftmals sind wir mit Personalmangel, hohen Arbeitsbelastungen und unzureichenden Ressourcen konfrontiert. Ich hoffe, dass in Zukunft mehr Fachkräfte in die Altenpflege einsteigen und dass die Arbeitgeber in die Ausbildung und das Wohlbefinden ihrer Mitarbeiter investieren. Eine angemessene Personalausstattung ist entscheidend, um die Qualität der Pflege zu gewährleisten und Burnout bei den Pflegekräften zu vermeiden.

Zusätzlich wünsche ich mir, dass die Weiterbildungsmöglichkeiten für Altenpfleger ausgebaut werden. Die Pflegebranche entwickelt sich ständig weiter, und es ist wichtig, dass wir über die neuesten Erkenntnisse und Techniken informiert sind. Ich hoffe auf mehr Unterstützung für Fort- und Weiterbildungen, die es uns ermöglichen, unsere Fähigkeiten zu erweitern und unsere Karriere voranzutreiben.

Ein weiterer Aspekt, der mir am Herzen liegt, ist die Förderung der interdisziplinären Zusammenarbeit. In der Altenpflege arbeiten wir oft mit verschiedenen Fachbereichen zusammen, und ich wünsche mir, dass diese

Zusammenarbeit in Zukunft noch stärker gefördert wird. Ein besserer Austausch zwischen Ärzten,

Therapeuten und Pflegekräften kann dazu beitragen, die Versorgung älterer Menschen zu optimieren und individuelle Bedürfnisse besser zu berücksichtigen.

Schließlich wünsche ich mir eine Gesellschaft, die älteren Menschen mehr Lebensqualität und Teilhabe am gesellschaftlichen Leben bietet. Es ist wichtig, dass wir als Altenpfleger nicht nur die körperlichen Bedürfnisse unserer Klienten im Blick haben, sondern auch ihre emotionalen und sozialen Bedürfnisse. Ich hoffe, dass in Zukunft mehr Initiativen entstehen, die ältere Menschen ermutigen, aktiv am Leben teilzunehmen und ihre Interessen zu verfolgen.

Insgesamt wünsche ich mir eine Zukunft, in der die Altenpflege als wertvoller und respektierter Beruf angesehen wird, in der die Arbeitsbedingungen für Pflegekräfte verbessert werden und in der ältere Menschen die Unterstützung und die Lebensqualität erhalten, die sie verdienen. Es ist eine herausfordernde, aber auch unglaublich bereichernde Aufgabe, und ich bin optimistisch, dass wir gemeinsam positive Veränderungen bewirken können.

7. Lustige Geschichten aus dem Heim

Die ausgebrochene Nonne

Ein Pfleger erzählte mal, dass eine alte Dame mit Demenz regelmäßig „ausbüxte". Eines Nachts fanden sie sie im Nachthemd draußen – bei eisiger Kälte. Sie war früher Nonne gewesen und glaubte, sie müsse zur Frühmesse. Sie weigerte sich strikt, wieder ins Heim zu gehen, weil sie dachte, sie würde zu spät kommen und „Strafe" bekommen. Erst als eine Pflegerin sich ein Tuch umlegte und so tat, als wäre sie ebenfalls eine Nonne, ließ sie sich beruhigen und zurückbringen.

Der geheime Romantiker

Ein Bewohner, der kaum noch sprechen konnte, gab plötzlich einem Pfleger eine kleine Notiz in die Hand: „Rosen für die Dame". Niemand verstand, was er meinte – bis sich herausstellte, dass er seit Monaten in eine Mitbewohnerin verliebt war und wollte, dass jemand ihr Blumen besorgt. Der Pfleger brachte ihm am nächsten Tag eine Rose, die er der Dame mit zittrigen Händen überreichte. Sie wurden in ihren letzten Monaten ein Paar.

Der Party-Opa

Ein Heimbewohner war ein ehemaliger DJ aus den 80ern.
Eines Nachts hörten die Pfleger laute Musik aus seinem
Zimmer – er hatte sich eine alte Boombox besorgt und eine
kleine Party mit anderen Bewohnern gestartet. Irgendjemand
hatte sogar Schnaps aus dem Kiosk organisiert. Die Pfleger
entschieden sich, die Party nicht sofort aufzulösen, sondern
ein bisschen mitzutanzen – bis der Heimleiter kam.

Die falsche Bestattung

Ein Pfleger berichtete, dass eine Bewohnerin mit Demenz
ständig Angst hatte, „schon tot zu sein". Eines Morgens fand
man sie in ihrem Bett mit verschränkten Armen über der
Brust, regungslos. Der Arzt wurde gerufen – bis jemand
merkte, dass sie blinzelte. Auf die Frage, was los sei,
antwortete sie trocken: „Ich wollte mal sehen, ob ihr mich
überhaupt vermisst."

Der spielsüchtige Opa

Ein alter Herr war früher leidenschaftlicher Pokerspieler. Da
er sein Zimmer nicht mehr verlassen konnte,

organisierte das Pflegepersonal eine Poker-Nacht. Der Haken? Opa gewann fast jedes Spiel, weil er immer noch perfekt bluffen konnte. Am Ende war das gesamte Pflegepersonal „pleite" – zum Glück spielten sie nur mit Bonbons.

Die Geister -schwester

Ein Pfleger berichtete, dass nachts immer wieder Bewohner Angst hatten, eine „Schwester aus der Vergangenheit" zu sehen. Alle dachten, es wäre nur eine kollektive Einbildung. Eines Nachts sah ein Mitarbeiter dann tatsächlich eine weiße Gestalt im Flur. Nach ein paar Sekunden wurde klar: Es war eine alte Bewohnerin, die sich nachts im Flur rumtrieb, weil sie glaubte, sie arbeite dort als Krankenschwester.

8. Bewegende Erzählungen meiner Bewohner

Der Soldat, der nie zurückkam

Ein Pfleger berichtete von einem alten Mann, der fast täglich am Fenster saß und hinausblickte, als würde er auf jemanden warten. Eines Tages fragte ihn eine Pflegekraft, auf wen er schaue. Mit Tränen in den Augen sagte er: „Auf meinen Bruder. Er hat versprochen, nach dem Krieg nach Hause zu kommen – aber er kam nie." Jahrzehntelang hatte er gehofft, dass sein Bruder eines Tages einfach auftauchen würde.

Die heimliche Liebe in Kriegszeiten

Eine ältere Dame erzählte, dass sie sich während des Krieges
in einen französischen Kriegsgefangenen verliebt hatte. Sie
trafen sich heimlich hinter der Scheune, tauschten Briefe aus,
obwohl sie kaum die Sprache des anderen verstanden.
Irgendwann wurde er abtransportiert, und sie hörte nie
wieder von ihm. Als sie diese Geschichte erzählte, holte sie
aus einer alten Blechdose einen vergilbten Brief hervor – den
letzten, den er ihr geschrieben hatte.

Der Junge, der Brot stahl

Ein Bewohner erzählte, dass er als Kind im Krieg oft
hungerte. Eines Tages stahl er ein Stück Brot von einem
deutschen Soldaten. Der Soldat hätte ihn bestrafen können –
aber stattdessen steckte er ihm heimlich noch ein zweites
Stück zu. Erst viele Jahre später verstand er, dass nicht alle
Soldaten Feinde waren.

Die Melodie der Erinnerung

Eine demenzkranke Bewohnerin erkannte kaum noch ihre
Familie, aber wenn jemand ein altes Kriegslied spielte,
begann sie zu singen und erinnerte sich plötzlich an
Geschichten aus ihrer Jugend. Einmal sagte sie beim

Hören eines bestimmten Liedes: „Das haben wir gesungen, als wir dachten, es wäre unser letzter Tag." Sie hatte als junges Mädchen in einem Keller gesessen, während Bomben fielen, und die Menschen sangen gemeinsam, um sich Mut zu machen.

Der verlorene Ehering

Ein Mann im Heim erzählte, dass er seinen Ehering während eines Bombenangriffs verlor. Er dachte, er würde ihn nie wiedersehen. Jahrzehnte später, als sein Elternhaus abgerissen wurde, fand ein Bauarbeiter in den Trümmern einen Ring mit eingravierten Initialen. Es war sein Ehering – den er nun wieder an einem Kettchen um den Hals trug.

9. Wie es ist wenn ein Bewohner stirbt den man über Jahre gepflegt hat

Der Abschied von Herrn Weber

Ich erinnere mich noch genau an den Tag, an dem Herr Weber bei uns einzog. Ein großer, kräftiger Mann, der trotz seines Alters eine beeindruckende Präsenz hatte. Seine Hände waren rau und von der Arbeit gezeichnet – Spuren eines Lebens voller harter Arbeit. Er war nicht einer dieser typischen Bewohner, die still in ihrem Zimmer saßen und in

Erinnerungen schwelgten. Nein, Herr Weber hatte eine starke Persönlichkeit. Er diskutierte gern über Gott und die Welt, konnte herrlich schimpfen, wenn ihm etwas nicht passte, und lachte genauso laut, wenn ihm etwas Freude bereitete.

Über die Jahre entwickelte sich eine besondere Beziehung zwischen uns. Anfangs war er misstrauisch und ließ sich ungern helfen. „Ich kann das noch alleine", sagte er oft, auch wenn seine Hände schon längst nicht mehr die Kraft hatten, das Besteck sicher zu halten. Aber mit der Zeit wurde das Band zwischen uns enger. Ich lernte, wann ich ihn in Ruhe lassen musste und wann er Gesellschaft brauchte. Manchmal saßen wir einfach nebeneinander, ohne viele Worte, aber mit einem gegenseitigen Verständnis, das keine Sprache brauchte.

Er erzählte mir oft von seiner Jugend, vom Krieg, von seiner Frau, die er über alles geliebt hatte und die er viel zu früh verloren hatte. Ich war ein harter Kerl, sagte er einmal, aber sie hat mich weich gemacht." Wenn er von ihr sprach, glänzten seine Augen – nicht vor Trauer, sondern vor Liebe, die auch nach Jahrzehnten nicht verblasst war.

Dann kam der Tag, an dem er nicht mehr aus dem Bett wollte. Das war untypisch für ihn. Er sagte nicht viel, aber ich sah es in seinen Augen: Er war müde. Nicht nur körperlich, sondern auch seelisch. In den nächsten Tagen wurde er schwächer. Ich blieb so oft es ging bei ihm, hielt seine Hand, auch wenn er kaum noch die Kraft hatte, meine zu drücken. „Es ist gut", flüsterte er einmal. „Ich hatte ein langes Leben. Und du hast mir die letzten Jahre leichter gemacht. Danke."

In dieser Nacht schlief er friedlich ein. Kein Kampf, kein Ringen mit dem Tod – einfach ein leiser, ruhiger Abschied. Als ich an sein Bett trat, spürte ich eine seltsame Stille im Raum.

Eine Leere, die ich nicht in Worte fassen konnte. Ich strich ihm ein letztes Mal über die Hand, die mir in den letzten Jahren so vertraut geworden war.

Es sind diese Momente, die in der Pflege am schwersten sind. Du bist dabei, wenn Menschen ihre letzte Reise antreten. Du siehst, wie das Leben langsam aus ihnen weicht, wie ein Buch, dessen letzte Seite umgeblättert wird. Aber du weißt auch: Du warst ein Teil dieser Geschichte. Und manchmal ist das der größte Trost.

Ich spürte eine Mischung aus Trauer und Erleichterung – Trauer, weil er ging, Erleichterung, weil er nicht mehr leiden musste. Seine Worte hallten in meinem Kopf nach: „Es ist gut." Ich wusste, dass er bereit war, aber ich war es nicht. Ich hatte mich an ihn gewöhnt, an seine Geschichten, an seine Eigenheiten. Es fühlte sich an, als hätte ich einen guten Freund verloren.

Und doch blieb da auch Dankbarkeit – für die Zeit, die wir hatten.

10. Der Umgang mit aggressiven Bewohnern

Von außen sieht Pflege oft nach reiner Fürsorge aus – waschen, anziehen, füttern, vielleicht ein nettes Gespräch führen. Doch was viele nicht wissen: Manchmal gehört auch der Umgang mit Aggressionen zum Alltag. Wenn ein Bewohner plötzlich laut wird, um sich schlägt oder beleidigend wird, kann das erschreckend sein – besonders für Außenstehende. Aber für uns in der Pflege ist es ein

Teil des Berufs, der Fingerspitzengefühl erfordert.

Warum werden Bewohner aggressiv?

Die meisten Menschen im Altenheim sind nicht von Natur aus wütend oder schwierig. Oft steckt etwas anderes dahinter:

• Demenz: Viele verstehen ihre Umgebung nicht mehr und fühlen sich bedroht.

• Schmerzen: Wer sich nicht mehr richtig ausdrücken kann,

reagiert mit Wut.

• Frustration: Es ist schwer, die Kontrolle über das eigene Leben zu verlieren.

• Persönlichkeit: Manche Menschen waren schon immer temperamentvoll – das ändert sich auch im Alter nicht.

Wie geht man damit um?

1. Ruhe bewahren – Die wichtigste Regel: Niemals mit Wut reagieren. Schreien oder Diskussionen bringen nichts. Stattdessen hilft es, ruhig und bestimmt zu bleiben.

2. Herausfinden, was los ist – Ist der Bewohner überfordert? Hat er Schmerzen? Braucht er einfach nur einen Moment für sich?

3. Nicht bedrängen – Manchmal hilft es, kurz Abstand zu nehmen und nach ein paar Minuten nochmal ruhig zu sprechen.

4. Ablenkung nutzen – Ein anderes Thema ansprechen, einen Spaziergang anbieten oder Musik spielen kann helfen, die Situation zu entspannen.

5. Körpersprache beachten – Eine sanfte Stimme und ruhige Bewegungen wirken deeskalierend.

6. Den Menschen hinter der Wut sehen – Es ist wichtig, sich bewusst zu machen: Diese Aggression richtet sich nicht

wirklich gegen uns, sondern gegen die Situation.

Fazit:

Aggression in der Pflege ist oft ein Ausdruck von
Hilflosigkeit. Wer den Menschen hinter der Wut sieht und
mit Geduld und Ruhe reagiert, kann viele Konflikte
entschärfen. Und manchmal ist das Wichtigste einfach, dem
Bewohner zu zeigen, dass er nicht allein ist – egal, wie
schwer es ihm fällt, das in Worte zu fassen.

11. Feste der Gemeinschaft: Weihnachten, Silvester und Sommer im Altenheim

In unserem Altenheim wird jedes Jahr aufs Neue klar, wie
wichtig es ist, den Bewohnern nicht nur die notwendige
Pflege zu bieten, sondern ihnen auch ein Stück
Lebensqualität zurückzugeben. Gerade an den besonderen
Tagen wie Weihnachten, Silvester und im Sommer spüren
wir, wie sehr es auf kleine Gesten und Gemeinschaft
ankommt, um den Alltag der Bewohner zu bereichern.

Weihnachten ist für uns ein Moment, in dem wir nicht nur
Geschenke, sondern vor allem Zeit und Nähe schenken.

Die Gemeinschaftsräume werden festlich geschmückt, und die Bewohner beteiligen sich mit viel Freude am Dekorieren. Die Atmosphäre wird von festlicher Musik begleitet, und es gibt ein großes Weihnachtsessen, bei dem alle zusammenkommen. Auch wenn viele Bewohner durch die Jahre eine gewisse Wehmut mit sich tragen, wird die Wärme und Freude des Festes in den Herzen lebendig. Angehörige besuchen ihre Verwandten, was viele zu einem besonderen Highlight macht. Für uns ist es der Moment, in dem wir den Bewohnern das Gefühl geben, dass sie nicht nur ein Teil der Gemeinschaft hier im Heim sind, sondern dass ihre Geschichten und Erinnerungen immer noch lebendig sind.

Silvester feiern wir in ruhigerem Rahmen, aber nicht weniger herzlich. Das alte Jahr wird gemeinsam verabschiedet, mit einem schönen Festessen und leiser Musik. Einige Bewohner erinnern sich an vergangene Silvesterfeiern, während andere die Gelegenheit nutzen, um neue Erinnerungen zu schaffen. Bei uns gibt es kein lautes Feuerwerk, aber die gemeinsame Zeit und das Zusammengehörigkeitsgefühl machen die Nacht besonders.

In den Gesprächen und kleinen Ritualen spüren wir immer wieder, wie sehr die Menschen hier im Heim zusammenrücken, sich gegenseitig stützen und einfach im Moment leben.

Im Sommer erstrahlt unser Heim in einem anderen Licht. Wenn die Sonne scheint, wird der Garten zum lebendigen Treffpunkt. Hier können die Bewohner an Blumenbeeten arbeiten, sich in den Schatten setzen oder einen Spaziergang im Grünen machen. Wir organisieren Ausflüge, sei es zum nahegelegenen Park oder zu einem gemütlichen Café in der Umgebung. Der Sommer bringt eine frische Energie, die in jedem Lächeln der Bewohner zu spüren ist. Auch die Sommerfeste gehören zu den Highlights des Jahres, bei denen das Heim in einen Ort der Fröhlichkeit verwandelt wird. Ein Grillabend im Garten oder ein kleines Picknick schafft Erinnerungen und verstärkt das Gefühl, dass der Sommer auch im Altenheim zu einem besonderen Erlebnis wird.

In unserem Heim sind es nicht nur die großen Feste, die den Alltag bereichern, sondern die täglichen Momente, die uns als Gemeinschaft verbinden. Wir sorgen dafür, dass sich jeder Bewohner gesehen und gehört fühlt, und wir schaffen eine Atmosphäre, in der jeder Tag mit kleinen und großen Freuden gefüllt ist. Ob es ein gemeinsames Gespräch bei einer Tasse Kaffee ist, das Lachen bei einem Bingo-Nachmittag oder die stille

Freude beim Beobachten der Blumen im Garten – hier sind die Bewohner nicht nur Pflegeempfänger, sondern ein aktiver Teil eines lebendigen, respektvollen Miteinanders.

12. Unvorhersehbare Dinge im Pflegealltag

Jeder Tag in der Pflege ist anders, und genau das macht den Beruf so unberechenbar. Man kann sich noch so gut auf die Schicht vorbereiten – irgendetwas Unerwartetes passiert immer. Ein Bewohner, der sonst völlig stabil ist, wird plötzlich verwirrt und erkennt niemanden mehr. Ein anderer, der eigentlich nicht mobil ist, steht plötzlich mitten im Flur und weiß nicht, wie er dorthin gekommen ist. Dann gibt es die Momente, in denen ein Notfall eintritt – jemand stürzt, bekommt Atemnot oder wird bewusstlos.

Auch Angehörige sorgen oft für Überraschungen. Manchmal tauchen sie unangemeldet auf und erwarten sofort ein ausführliches Gespräch, während man eigentlich mitten in der Versorgung steckt.

Oder sie beschweren sich über Dinge, die außerhalb der eigenen Kontrolle liegen – etwa das Essen oder die ärztliche Versorgung.

Technische Probleme kommen ebenfalls häufig vor: Ein Defekt am Pflegebett, ein ausgefallener Notrufknopf oder eine kaputte Hebehilfe können den ganzen Ablauf durcheinanderbringen. Und dann gibt es noch die Momente, in denen sich einfach alles staut – ein Bewohner braucht länger im Bad, während der nächste schon dringend auf die Toilette muss, das Telefon klingelt ununterbrochen, und zwischendrin kommt ein Notfall, der alles andere in den Hintergrund rückt. Man muss also immer flexibel bleiben und schnell auf Veränderungen reagieren.

13. Unterschiede zwischen Altenheim, Krankenhaus und ambulanter Pflege

Die Pflege kann je nach Arbeitsumfeld sehr unterschiedlich aussehen. Altenheim, Krankenhaus und ambulante Pflege haben alle ihre eigenen Strukturen, Herausforderungen und Abläufe.

Altenheim:

Im Altenheim geht es vor allem um die langfristige Betreuung von Bewohnern. Die meisten von ihnen leben dauerhaft dort und brauchen Unterstützung im Alltag – sei es bei der Körperpflege, beim Essen oder der Medikamenteneinnahme. Die Arbeit ist oft sehr persönlich, weil man die Bewohner über lange Zeit begleitet und enge Beziehungen aufbaut. Der Tagesablauf ist meist recht strukturiert, aber dennoch gibt es immer wieder unerwartete Situationen, etwa wenn ein Bewohner sich plötzlich verschlechtert oder herausforderndes Verhalten zeigt.

Krankenhaus:

Im Krankenhaus ist der Pflegealltag viel hektischer und medizinisch anspruchsvoller. Patienten bleiben meist nur für kurze Zeit, sodass man ständig neue Menschen betreut. Hier steht vor allem die medizinische Versorgung im Vordergrund: Infusionen legen, Verbände wechseln, Wunden versorgen oder auf plötzliche Notfälle reagieren. Es gibt oft mehr Zeitdruck, weil Patienten untersucht, operiert oder entlassen werden müssen. Auch der enge Austausch mit Ärzten ist ein wichtiger Bestandteil der Arbeit.

Ambulante Pflege:

In der ambulanten Pflege fährt man zu den Patienten nach Hause und versorgt sie dort. Die Aufgaben reichen von der Körperpflege über Medikamentengabe bis hin zu Wundversorgung. Hier arbeitet man sehr selbstständig, da man oft allein unterwegs ist und flexibel auf jede Situation reagieren muss. Gleichzeitig hat man weniger Kontrolle über die Umgebung – manche Wohnungen sind nicht barrierefrei, Angehörige haben unterschiedliche Erwartungen, und oft ist es schwieriger, Hilfe zu bekommen, wenn etwas passiert.

Jede dieser Arbeitsbereiche hat ihre eigenen Herausforderungen. Im Altenheim geht es viel um soziale

Betreuung, im Krankenhaus um akute medizinische Versorgung, und in der ambulanten Pflege muss man sich ständig an neue Gegebenheiten anpassen

14. Wie läuft eine MDK-Prüfung ab?

Die MDK-Prüfung (Medizinischer Dienst der Krankenkassen) ist für viele Pflegeeinrichtungen ein stressiges Ereignis. Sie findet unangekündigt statt und überprüft, ob die Einrichtung die gesetzlichen Vorgaben einhält. Sobald der MDK erscheint, herrscht sofort eine gewisse Anspannung – schließlich hängt viel von der Bewertung ab.

Die Prüfer schauen sich zunächst die Dokumentation an. Sie kontrollieren, ob Pflegepläne vollständig sind, ob Medikamente korrekt verabreicht wurden und ob die Maßnahmen zur Wundversorgung oder Dekubitusprophylaxe eingehalten werden. Auch Hygienestandards werden genau unter die Lupe genommen.

Dann folgt die Begutachtung der praktischen Arbeit. Die Prüfer beobachten, wie Pflegekräfte Bewohner versorgen, ob die Kommunikation stimmt und ob die Maßnahmen fachgerecht durchgeführt werden. Sie können jederzeit Fragen stellen oder verlangen, dass bestimmte Abläufe erklärt werden.

Ein wichtiger Teil ist auch das Gespräch mit den Bewohnern. Der MDK fragt sie nach ihrer Zufriedenheit,

ob sie sich gut versorgt fühlen und ob ihre Wünsche berücksichtigt werden.

Am Ende gibt es eine Bewertung, die später veröffentlicht wird. Eine gute MDK-Bewertung ist für jede Einrichtung wichtig, weil sie das Vertrauen der Angehörigen und potenziellen Bewohner stärkt.

15. Welche Vorschriften habe ich als Pflegefachkraft?

Als Pflegefachkraft gibt es eine Menge Vorschriften, die man einhalten muss. Die wichtigsten betreffen die Dokumentation, den Umgang mit Medikamenten und die Hygiene.

Dokumentation: Jede Maßnahme, jede Veränderung im Zustand eines Bewohners oder Patienten muss dokumentiert werden. Falls etwas nicht aufgeschrieben ist, gilt es offiziell als nicht passiert – das kann im schlimmsten Fall zu Problemen bei Kontrollen oder sogar rechtlichen Konsequenzen führen.

Medikamentenvergabe: Medikamente dürfen nur nach ärztlicher Anordnung gegeben werden.

Es gibt strikte Vorgaben, wie sie gelagert, verabreicht und dokumentiert

werden müssen. Fehler in der Medikamentengabe können schwerwiegende Folgen haben und müssen daher unbedingt vermieden werden.

Hygienevorschriften: Besonders wichtig sind die Hygienevorschriften – regelmäßiges Desinfizieren der Hände, das Tragen von Schutzkleidung und das Einhalten von Hygienestandards bei der Wundversorgung sind Pflicht. Verstöße können nicht nur zur Verbreitung von Keimen führen, sondern auch arbeitsrechtliche Konsequenzen haben.

Schweigepflicht: Als Pflegekraft hat man Zugang zu vielen persönlichen Informationen über Bewohner und Patienten. Diese dürfen nicht einfach weitergegeben werden – weder an Außenstehende noch an Kollegen, die nicht direkt involviert sind.

Arbeitsschutz und Pflichten gegenüber Bewohnern: Die Sicherheit der Bewohner hat oberste Priorität. Dazu gehört auch, auf ihre Wünsche und Bedürfnisse einzugehen und ihre Würde zu respektieren. Gleichzeitig muss man sich aber auch an Dienstanweisungen und das Hausrecht der Einrichtung halten. Diese Vorschriften machen den Beruf zwar anspruchsvoll, aber sie sind notwendig, um eine gute und sichere Pflege zu gewährleisten.

Wer sich daran hält, schützt nicht nur die Bewohner, sondern auch sich selbst vor Fehlern und möglichen Konsequenzen.

16. Darf man Bewohnern Geschenke machen oder annehmen ?

In der Pflege und im Umgang mit Bewohnern spielt das Thema Geschenke oft eine größere Rolle, als man zunächst vermuten könnte. Persönlich habe ich gelernt, dass es hierbei immer eine feine Balance gibt. Grundsätzlich ist es erlaubt, dass Bewohner ihren Pflegekräften oder dem Heim Geschenke machen – oft sind es kleine Aufmerksamkeiten, die einfach nur von Herzen kommen. Allerdings sollte man hierbei immer auf die Gepflogenheiten der Einrichtung und die

geltenden Richtlinien achten. Es ist wichtig, dass Geschenke weder zu einem unangemessenen Wert haben noch als Versuch interpretiert werden, besondere Zuwendungen zu erkaufen.

Auch wenn Pflegekräfte manchmal von Bewohnern Geschenke annehmen, geschieht dies meist im Rahmen einer herzlichen Geste. Dabei ist es jedoch ratsam,

kleinere, symbolische Geschenke anzunehmen, während teurere Präsente eher zurückgewiesen oder an gemeinsame

Einrichtungen (zum Beispiel als Spende für den Gemeinschaftsbereich) weitergeleitet werden. So wird vermieden, dass sich Ungleichheiten oder Interessenkonflikte ergeben. Aus meiner Sicht sollte der Fokus immer darauf liegen, den Bewohnern mit Respekt und Empathie zu begegnen – ob mit oder ohne Geschenk.

17. Was mir in meiner Ausbildung besonders wichtig war

Während meiner Ausbildung zum Altenpfleger gab es viele Momente, die mich geprägt haben. In erster Linie war es das Fachwissen, das ich erlernen konnte. Die Theorie, die hinter der Pflege steckt, war entscheidend – von den Grundlagen der Körperfunktionen über Krankheitsbilder bis hin zu den rechtlichen Aspekten der Pflege. All dieses Wissen war wichtig, um den Bewohnern gerecht zu werden und ihre Bedürfnisse zu verstehen.

Aber nicht nur die Theorie war entscheidend. Die praktische Erfahrung vor Ort, der direkte Kontakt mit den Bewohnern, war für mich ebenso wichtig. Es war eine echte Herausforderung, das Gelernte anzuwenden und den richtigen Umgang mit den Bewohnern zu finden – sei es in der täglichen Körperpflege, bei der Medikamentengabe oder in Notfallsituationen. Es hat mir geholfen, die Realität der Pflege wirklich zu begreifen.

Besonders in der Altenpflege sind Geduld und Empathie unerlässlich. Jeder Bewohner bringt seine eigene Geschichte und seine eigenen Bedürfnisse mit. Es gab Momente, in denen ich mich in die Situation eines Bewohners hineinversetzen musste, um besser zu verstehen, was er oder sie durchmacht. Diese empathische Verbindung war oft entscheidend, um die richtige Pflege zu leisten und den Bewohnern ihre Würde zu bewahren.

Ein weiterer Aspekt, der mir während meiner Ausbildung sehr wichtig wurde, war die Kommunikation. Es geht nicht nur darum, Anweisungen zu geben, sondern wirklich zuzuhören – den Bewohnern, ihren Angehörigen und auch den Kollegen. Das Vertrauen und die offenen Gespräche halfen mir, mich sicherer in meiner Rolle als Pfleger zu fühlen. Gerade bei schwierigen Situationen oder emotional belastenden Momenten war es wichtig, dass man miteinander spricht und gemeinsam Lösungen findet.

Teamarbeit war ebenfalls ein wichtiger Bestandteil meiner Ausbildung. In der Pflege gibt es keinen Raum für

Einzelkämpfer. Jeder Tag war ein Zusammenspiel von Aufgaben, die man gemeinsam mit den Kollegen meisterte. Diese Zusammenarbeit war nicht nur aus praktischer Sicht wichtig, sondern auch, um sich gegenseitig zu unterstützen – vor allem an Tagen, die besonders herausfordernd waren.

Natürlich war es auch entscheidend, flexibel und anpassungsfähig zu sein. Jeder Tag brachte neue Herausforderungen, ob es ein unerwarteter Notfall war oder ein Bewohner, der sich plötzlich anders verhielt. In der Altenpflege muss man schnell reagieren können, ohne den Überblick zu verlieren.

Am Ende war es der ständige Prozess der Reflexion und Weiterentwicklung, der mir half, in meiner Ausbildung zu wachsen. Es gab Momente, in denen ich an meine Grenzen stieß, aber diese erzwungenen Pausen der Selbstreflexion gaben mir die Chance, zu lernen und mich immer wieder zu verbessern.

Die Ausbildung zum Altenpfleger hat mir nicht nur fachliches Wissen vermittelt, sondern mir auch gezeigt, wie wichtig Wertschätzung und Respekt im Umgang mit den Menschen sind, die wir pflegen. Es geht nicht nur um die Aufgabe, sondern um die Menschen dahinter – die Geschichten, die sie mitbringen, und die Würde, die es zu bewahren gilt.

Diese Reise war nicht immer einfach, aber sie hat mir geholfen, ein besserer Pfleger zu werden und die Menschen, mit denen ich arbeite, auf eine tiefere Weise zu verstehen.

18. Was ich von der älteren Generation gelernt habe

In meiner Zeit in der Pflege habe ich unzählige Gespräche mit älteren Menschen geführt. Jeder von ihnen hat seine eigene Geschichte, seine eigenen Erfahrungen und Weisheiten, die sich über Jahrzehnte angesammelt haben.

Oft habe ich mich gefragt, wie es wohl wäre, wenn wir all diese Lebensgeschichten und Ratschläge in einem Buch sammeln könnten – ein Buch voller gelebter Erfahrung, voller Höhen und Tiefen, voller Liebe, Verlust und Hoffnung.

Eines der wichtigsten Dinge, die ich gelernt habe, ist Geduld. Die ältere Generation hat erlebt, dass nicht alles sofort geschehen muss. Während wir heute oft von Hektik und Zeitdruck getrieben werden, lehren uns ältere

Menschen, dass es sich lohnt, auf die richtigen Momente zu warten. Sie wissen, dass die besten Entscheidungen oft die sind, die mit Bedacht getroffen wurden.

Auch Dankbarkeit ist etwas, das ich durch meine Arbeit gelernt habe. Viele Bewohner erzählen mir, wie wichtig es ist, die kleinen Dinge zu schätzen – ein freundliches Wort, ein Lächeln, einen Sonnenstrahl, der durch das Fenster fällt. In einer Zeit, in der viele immer mehr wollen, erinnern mich diese Gespräche daran, wie wertvoll das ist, was wir bereits haben.

Dann gibt es da noch die Fähigkeit, mit Verlust umzugehen. Fast jeder ältere Mensch, den ich betreue, hat geliebte Menschen verloren – Ehepartner, Freunde, manchmal sogar Kinder.

Und doch machen sie weiter, finden Wege, mit der Trauer zu leben, und erinnern sich an die schönen Momente. Diese Stärke und Resilienz beeindrucken mich immer wieder.

Nicht zuletzt habe ich gelernt, dass das Leben trotz aller Schwierigkeiten lebenswert ist.

Viele meiner Bewohner erzählen mir von ihren schönsten Momenten – von Reisen, von der ersten großen Liebe, von unerwarteten Abenteuern. Sie zeigen mir, dass es nie zu spät ist, etwas Neues zu beginnen, sei es ein Hobby, eine Freundschaft oder einfach eine andere Art, das Leben zu sehen.

Die ältere Generation hat so viel Wissen, das oft ungehört bleibt. Ich versuche, so viel wie möglich davon aufzunehmen, nicht nur für mich, sondern auch, um diese Weisheiten weiterzugeben. Denn eines ist sicher: Wer nicht von denen lernt, die vor uns gelebt haben, wird viele ihrer Fehler wiederholen.

19. Wenn niemand mehr kommt – Die Einsamkeit im Alter

Pflegekraft: Wie fühlt es sich an wenn keiner mehr zu Besuch kommt ?

Antwort von Herr Bremer:

Ich setze mich ans Fenster und schaue hinaus. Der Himmel ist heute grau, so wie an vielen Tagen in meinem Leben. Früher war ich nicht oft allein. Da war immer jemand – meine Frau, meine Kinder, meine Freunde. Das Haus war voller Leben. Jetzt ist es still. So still, dass ich manchmal meine eigenen Gedanken nicht ertragen kann.

Die Tage vergehen langsam, einer nach dem anderen, ohne dass sich viel ändert. Morgens wache ich auf und frage mich, ob heute jemand kommt. Ob jemand an mich denkt. Die Wahrheit ist: Meistens kommt niemand. Ich warte trotzdem. Ich warte immer.

Früher habe ich mir nicht vorstellen können, dass man einfach vergessen wird. Dass Menschen, die man geliebt hat, irgendwann keine Zeit mehr für einen haben. "Ich melde mich bald", sagen sie. "Wir kommen mal vorbei." Aber dann passiert es nicht. Das Leben geht weiter – für sie. Und für mich bleibt nur die Erinnerung.

Ich erinnere mich an die Sonntage, an denen wir gemeinsam am Tisch saßen. An Geburtstage, an Weihnachten, an die Zeit, als ich gebraucht wurde. Jetzt brauche ich nicht viel – nur ein bisschen

Zeit, ein bisschen Nähe, ein bisschen das Gefühl, dass ich noch da bin.

Die Pflegekräfte hier sind nett. Sie geben sich Mühe. Aber sie haben ihre Aufgaben, ihre Abläufe. Sie setzen sich nicht einfach hin und erzählen mir von ihrem Tag, so wie es meine Familie früher getan hat. Ich verstehe das. Aber es macht die Einsamkeit nicht leichter.

Manchmal spreche ich mit den Bildern auf meinem Nachttisch. Mit meiner Frau, die schon lange nicht mehr da ist. Mit meinen Kindern, die irgendwo da draußen ihr Leben

leben. Ich erzähle ihnen, was ich heute gemacht habe, auch wenn es nicht viel ist.

Und dann wird es Abend. Die Sonne geht unter, die Geräusche im Flur werden leiser, und ich lege mich ins Bett. Ich schließe die Augen und frage mich, ob morgen jemand kommt. Ob ich noch jemanden sehe, bevor es irgendwann zu spät ist. Ich hoffe es. Aber ich bin nicht sicher.

20. Wollen ältere Menschen ins Altenheim ?

Die wenigsten älteren Menschen ziehen freiwillig in ein Altenheim. Viele wünschen sich, so lange wie möglich in ihrer eigenen Wohnung oder ihrem Haus zu bleiben, weil sie dort Erinnerungen, Gewohnheiten und ein Gefühl von Unabhängigkeit haben. Doch oft gibt es Situationen, in denen sie keine Wahl mehr haben – sei es durch Krankheit, Pflegebedürftigkeit oder weil sie keine Angehörigen haben, die sich um sie kümmern können.

Warum ältere Menschen ungern ins Heim ziehen:

• Angst vor Einsamkeit: Viele befürchten, dass sie dort weniger besucht werden und sich isoliert fühlen.

• Verlust der Selbstbestimmung: Sie können nicht mehr selbst entscheiden, wann sie essen, was sie tun oder wer sie besucht.

• Erinnerungen loslassen müssen: Das eigene Zuhause ist oft mit Jahrzehnten an Erinnerungen verbunden, die schwer loszulassen sind.

• Negative Vorstellungen: Manche haben Angst vor schlechter Pflege oder dass sie im Heim „abgeschoben" werden.

Warum sich manche doch für ein Heim entscheiden:

• Sicherheit: In einem Heim gibt es immer Pflegekräfte, die im Notfall helfen können.

• Gemeinschaft: Wer vorher allein gelebt hat, kann im Heim neue soziale Kontakte knüpfen.

• Entlastung für Angehörige: Manche ziehen ein, um ihren Kindern oder Partnern die Pflege zu erleichtern.

• Gesundheitliche Notwendigkeit: Wenn der Alltag allein nicht mehr zu bewältigen ist, bleibt oft keine andere Möglichkeit.

21. Aussagen von Bewohnern die zeigen wie unterschiedlich ältere Menschen den Umzug ins Altenheim erleben:

- Am Anfang dachte ich, meine Kinder würden oft vorbeikommen. Aber jetzt ist es ein paar Wochen her, seit ich sie das letzte Mal gesehen habe.

- Früher konnte ich einfach rausgehen, wann ich wollte. Jetzt muss ich fragen, ob mich jemand begleitet. Es fühlt sich an, als wäre ich ein Kind geworden.

- Ich wollte nicht hierher, aber mittlerweile habe ich Freunde gefunden. Wir sitzen zusammen, erzählen uns Geschichten von früher. Das hilft.

- Hier bin ich sicher. Wenn ich nachts stürze, ist jemand da. Zu Hause lag ich einmal eine ganze Nacht auf dem Boden.

- Manchmal fühlt es sich an, als hätte das Leben mich vergessen.

22. Wie wird das Altenheim der nächsten Generation?

Ich stelle mir oft vor, wie es wohl sein wird, wenn die nächste Generation ins Altenheim kommt

– meine Generation. Es wird alles anders sein. Wir sind es gewohnt, mit der Welt um uns herum vernetzt zu sein, immer und überall. In einer Welt, die sich zunehmend digitalisiert, wird es im Altenheim nicht mehr nur um

Strickrunden und Bingo gehen. Wir werden mit unseren Enkelkindern über Videoanrufe in Kontakt bleiben, statt uns mit Briefen auszutauschen. Social Media wird genauso selbstverständlich sein wie das Frühstück.

Ich kann mir vorstellen, dass die Gemeinschaftsräume im Altenheim von morgen nicht nur für Gespräche oder das Fernsehen genutzt werden. Stattdessen werden dort vielleicht die neuesten Streaming-Serien laufen, und es wird regelmäßige „90er-Jahre-Partys" oder sogar Gaming-Nächte geben. Wer weiß – vielleicht wird es sogar ein virtuelles Bingo über VR-Brillen geben, bei dem man gleichzeitig durch virtuelle Landschaften spaziert. Ich denke, dass die klassischen Gemeinschaftsräume durch kreative, multimediale Räume ersetzt werden, in denen man sich mit anderen Bewohnern austauscht, aber auch seinen eigenen Hobbys nachgeht.

Ich sehe schon, wie viele von uns weiterhin ihr Leben in vollen Zügen genießen wollen, mit einem starken Fokus auf Selbstbestimmung. Früher musste man sich an den Tagesablauf des Heims halten – heute wird jeder selbst entscheiden können, wann er schlafen geht, wann er isst und wie er seinen Tag gestalten möchte. Ich kann mir sogar vorstellen, dass wir die Möglichkeit haben werden, jederzeit eine Pizza zu bestellen oder in einem „Wellness-Bereich" zu entspannen, der an ein Spa erinnert.

Und die Tattoos – oh, die Tattoos! Wer heute schon mit Tattoos aufwächst, wird wohl auch im Alter nicht darauf verzichten wollen. Vielleicht wird es sogar einen „Tattoos für Senioren"-dienst im Heim geben, oder wir lassen uns Piercings nach stechen, falls diese im Laufe der Jahre ein bisschen verblassen.

Aber das Wichtigste: Wir wollen auch die Kontrolle über unser eigenes Leben haben, bis zum letzten Atemzug.

Wenn ich an das Thema „Sterben" denke, wird es viel mehr

Raum für persönliche Entscheidungen geben. Wir werden nicht nur darüber sprechen, was wir tun wollen, sondern auch darüber, wie wir es tun möchten – vielleicht sogar mit Unterstützung, die uns unsere letzten Wünsche respektiert.

Es wird also eine ganz neue Art von Altenheim sein – lebendig, vielfältig und vor allem ein Ort, an dem wir auch im Alter noch immer die Freiheit haben werden, zu entscheiden, wie wir leben. Das Altenheim von morgen wird keines sein, in dem die Zeit stillsteht. Es wird ein Ort sein, an dem die Menschen weiter das Leben feiern, in welcher Form auch immer.

23. Welche spezifischen Aspekte sollte ich als Pflegekraft berücksichtigen, wenn ich das Zimmer eines Bewohners betrete, um ihn für den bevorstehenden Tag zu versorgen?

Als Pflegekraft ist es meine oberste Priorität, jedem Bewohner eine individuelle und respektvolle Betreuung zu bieten. Wenn ich das Zimmer eines Bewohners betrete, achte ich auf folgende Aspekte:

1. Individuelle Begrüßung und Kommunikation:

Ich begrüße den Bewohner persönlich und achte auf seine

Reaktion. Dabei beobachte ich seine Stimmung und sein Befinden, um meine Pflege entsprechend anzupassen.

2. Einschätzung des Allgemeinzustands:

Ich beurteile den physischen und psychischen Zustand des Bewohners, indem ich auf Anzeichen von Unwohlsein, Schmerzen oder Veränderungen im Verhalten achte.

3. Respekt vor Privatsphäre und Würde:

Vor pflegerischen Maßnahmen erkläre ich dem Bewohner mein Vorgehen und hole sein Einverständnis ein.

Ich stelle sicher, dass Intimsituationen diskret behandelt werden, um seine Würde zu wahren.

4. Anpassung an individuelle Bedürfnisse:

Ich berücksichtige die persönlichen Vorlieben und Gewohnheiten des Bewohners, wie beispielsweise seine bevorzugte Aufstehzeit oder Morgenroutine.

Diese Flexibilität fördert sein Wohlbefinden und seine Selbstbestimmung.

5. Sicherstellung der Umgebungssicherheit:

Ich überprüfe das Zimmer auf potenzielle Gefahrenquellen, wie Stolperfallen oder unsichere Möbel, um die Sicherheit des Bewohners zu gewährleisten.

6. Förderung der Selbstständigkeit:

Ich ermutige den Bewohner, Tätigkeiten, die er selbstständig ausführen kann, eigenständig zu erledigen. Bei Bedarf biete ich unterstützende Hilfsmittel an, um seine Unabhängigkeit zu fördern.

7. Beobachtung und Dokumentation:

Ich achte auf Veränderungen im Gesundheitszustand oder Verhalten des Bewohners und dokumentiere diese sorgfältig, um eine kontinuierliche und angepasste Betreuung sicherzustellen. Durch diese achtsame und individuelle Herangehensweise stelle ich sicher, dass der Bewohner nicht nur physisch, sondern auch emotional und sozial bestmöglich versorgt wird.

24. Weisheiten, die mir meine Bewohner mitgegeben haben

- Es war ein warmer Sommertag, die Sonne strahlte vom Himmel, und eine angenehme Brise wehte durch den Garten des Altenheims. Ich saß mit einem der Bewohner draußen auf einer Bank, genoss die wohlige Wärme auf meiner Haut und beobachtete, wie das Licht durch die Blätter der Bäume flimmerte.

Mit einem Lächeln drehte ich mich zu ihm und sagte:

Ach, wäre es nicht schön, wenn wir immer solch ein

wunderbares Wetter hätten? Die Sonne macht glücklich, gibt Energie und lässt alles viel lebendiger erscheinen.

Er blickte mich mit einem wissenden, fast schelmischen Lächeln an, wie jemand, der schon viel erlebt hat und die Welt mit einer anderen Weisheit betrachtet. Dann schüttelte er sanft den Kopf und antwortete:

Nein, mein Junge, wenn du immer nur schönes Wetter hättest, würdest du es irgendwann nicht mehr wertschätzen. Stell dir vor, die Sonne würde jeden Tag scheinen – irgendwann wäre es nichts Besonderes mehr. Der Regen, die grauen Tage, die Stürme – sie alle haben ihren Zweck.

Sie sind dafür da, dass du die warmen, sonnigen Tage umso mehr genießen kannst, wenn sie kommen.

Er machte eine kurze Pause, schaute nachdenklich in den Himmel und fuhr fort:

Und weißt du was? So ist es nicht nur mit dem Wetter, sondern auch mit dem Leben. Es gibt gute Tage und schlechte Tage, Glück und Kummer, Licht und Schatten.

Doch ohne das Schlechte wüssten wir das Gute gar nicht richtig zu schätzen. Es gehört alles zusammen, denn erst durch die dunklen Zeiten lernst du, die hellen wirklich zu genießen.

Seine Worte trafen mich auf eine Weise, die ich in diesem Moment gar nicht ganz begreifen konnte. Doch je länger ich darüber nachdachte, desto mehr verstand ich die Wahrheit in seinen Worten. Das Leben ist wie das Wetter – es braucht beides, Regen und Sonnenschein, um uns zu lehren, wie wertvoll die wirklich schönen Momente sind.

- Ein Bewohner liebte es, Karten zu spielen. Er spielte mit mir eine Runde Skat, und ich gab mein Bestes, um zu gewinnen. Doch am Ende verlor ich. Ich lachte und sagte scherzhaft:

Mann, ich kann einfach nicht gegen Sie gewinnen!

Er lächelte und mischte die Karten erneut.

Junge, weißt du, was das Problem ist? Ihr denkt immer, dass ihr gewinnen müsst, damit es sich lohnt. Aber eigentlich ist es doch das Spielen selbst, das Spaß macht.

Solange du Freude daran hast, ist es egal, wer gewinnt.

Diese Worte blieben mir lange im Kopf. Wie oft setzen wir uns selbst unter Druck, überall die Besten sein zu müssen? Dabei geht es doch oft nur darum, den Weg zu genießen.

- Beim Abendessen fiel mir eine alte Dame auf, die ihr Brot nie ganz aß – immer blieb ein kleines Stück auf dem Teller. Ich fragte sie neugierig, warum sie das mache.

Sie lächelte und erklärte:
Früher, in der Nachkriegszeit, war das letzte Stück Brot immer für jemand anderen. Wir hatten wenig, also haben wir gelernt, zu teilen. Und selbst heute, wo ich genug habe, kann ich es nicht anders. Es erinnert mich daran, wie wertvoll ein Stück Brot sein kann.

Diese kleine Geste zeigte mir, wie tief manche Erfahrungen im Leben verwurzelt bleiben – und wie wichtig es ist, dankbar zu sein.

- Ein älteres Ehepaar lebte zusammen im Heim. Sie stritten sich oft – über Kleinigkeiten, wie die richtige Temperatur des Tees oder ob das Fenster zu weit offen war. Eines Tages fragte ich den Mann scherzhaft:

Sie zanken sich ja oft. Hat Sie das nie gestört?

Er lachte laut und sagte:

Junge, Liebe ist kein Märchen. Sie ist nicht perfekt, aber echt. Wir streiten, ja. Aber weißt du, was wichtig ist? Dass wir immer zusammen einschlafen, egal, wie laut wir vorher waren.

Diese Worte blieben mir im Kopf. Wahre Liebe ist nicht makellos – sie ist das gemeinsame Durchstehen von Höhen und Tiefen.

25. Typische Fehler in der Pflege und wie man sie vermeidet

Die Pflege ist ein Beruf, der viel Fachwissen, Geduld und Einfühlungsvermögen erfordert. Doch trotz aller Erfahrung und besten Absichten passieren Fehler – manche davon sind harmlos, andere können schwerwiegende Folgen für die Bewohner und auch für uns Pflegekräfte haben. In diesem Kapitel möchte ich einige der häufigsten Fehler aus dem Pflegealltag aufzeigen und gleichzeitig Tipps geben, wie man sie vermeiden kann.

1. Zu wenig Kommunikation im Team

Ein großer Fehler, der oft im stressigen Pflegealltag

passiert, ist die fehlende oder unzureichende Kommunikation im Team. Gerade bei Schichtwechseln oder in Notfallsituationen kann das fatale Folgen haben. Ein Bewohner hat zum Beispiel plötzlich starke Schmerzen oder verweigert das Essen – wenn diese Information nicht klar an die nächste Schicht weitergegeben wird, kann es passieren, dass das Problem erst spät oder gar nicht erkannt wird.

Wie man es vermeidet:

- Immer auf vollständige und klare Übergaben achten.
- Wichtige Informationen schriftlich und mündlich weitergeben.
- Bei Unklarheiten lieber einmal mehr nachfragen als etwas zu übersehen.

2. Fehler bei der Medikamentengabe

Die Gabe von Medikamenten gehört zu den verantwortungsvollsten Aufgaben in der Pflege – und leider passieren hier immer wieder Fehler. Eine vergessene Tablette, eine falsch verabreichte Dosierung oder eine Medikamentengabe ohne ausreichende Flüssigkeit können schwerwiegende Folgen haben. Besonders problematisch ist es, wenn Bewohner selbst nicht mehr aktiv darauf hinweisen können, dass sie ihre Medikamente nicht erhalten haben.

Wie man es vermeidet:

- Keine Ablenkung während der Medikamentengabe! Egal, wie viel los ist – hier ist höchste Konzentration gefragt.
- Immer das 4Augen-Prinzip nutzen, wenn Unsicherheiten bestehen.

- Medikamente genau nach Anordnung verabreichen und keine eigenständigen Änderungen vornehmen.

3. Unterschätzung der Sturzgefahr

Stürze gehören zu den häufigsten Unfällen im Altenheim – und oft werden die Risiken unterschätzt. Ein Bewohner, der gestern noch problemlos aufstehen konnte, kann heute bereits unsicher sein. Besonders gefährlich sind feuchte Böden, falsch platzierte Möbel oder vergessene Bettgitter.

Wie man es vermeidet:

- Bewohner regelmäßig auf ihre Mobilität hin beobachten und bei Veränderungen sofort Maßnahmen ergreifen.
- Stolperfallen beseitigen (Teppiche, herumstehende Gegenstände).

- Bewohner bei Bedarf ermutigen, Hilfsmittel zu nutzen, auch wenn sie sich „nicht alt genug" dafür fühlen.

4. Mangelnde Dokumentation

„Ich mach das später" – dieser Satz ist wohl einer der gefährlichsten in der Pflege. Eine nicht dokumentierte Wunde, eine nicht eingetragene Medikamentengabe oder eine fehlende Notiz über das Verhalten eines Bewohners können große Probleme verursachen. Spätestens wenn Kollegen nachfragen oder Angehörige Informationen wollen, rächt sich jede vergessene Dokumentation.

Wie man es vermeidet:

- Dokumentationen sofort erledigen, nicht aufschieben!

- Präzise und sachlich formulieren, keine unnötigen Abkürzungen.

- Falls Unsicherheiten bestehen, lieber mit Kollegen oder Vorgesetzten sprechen.

5. Den Menschen hinter der Pflegebedürftigkeit vergessen

Im Stress des Alltags kommt es leider manchmal vor, dass wir den Menschen hinter der Krankheit aus den Augen verlieren. Wir arbeiten effizient, erledigen unsere Aufgaben, aber vergessen, dass der Bewohner nicht nur gepflegt, sondern auch als Mensch wahrgenommen werden möchte. Ich habe es oft erlebt, dass ein freundliches Gespräch, eine kleine Berührung oder ein gemeinsames Lachen für einen Bewohner mehr bedeutet als jede perfekt ausgeführte

Pflegetätigkeit.

Wie man es vermeidet:

- Sich bewusst Zeit für kleine Gespräche oder Gesten nehmen.
- Nicht nur „abarbeiten", sondern sich auch für die Gefühle und Bedürfnisse der Bewohner interessieren.
- Sich immer wieder selbst reflektieren: Würde ich mich in dieser Situation gut aufgehoben fühlen?

26. Wie reagieren ältere Menschen auf junge Pflegekräfte oder auf dunkelhäutige Pfleger?

In meiner Zeit als Pflegekraft habe ich oft erlebt, dass ältere Bewohner unterschiedlich auf junge Kollegen oder dunkelhäutige Pflegekräfte reagieren. Manche nehmen es völlig selbstverständlich an, während andere zunächst skeptisch sind.

Erfahrungen mit jungen Pflegekräften

Ich erinnere mich an einen Bewohner, der mich anfangs kaum ernst genommen hat, weil ich noch jung war. Er fragte mich öfter: „Sind Sie denn überhaupt ausgebildet?" oder „Haben Sie das schon mal gemacht?". Anfangs war das frustrierend, weil ich mich immer wieder beweisen musste. Doch mit der Zeit änderte sich sein Verhalten. Als er merkte, dass ich weiß, was ich tue, und mich gut um ihn kümmere, wuchs sein Vertrauen.

Das Problem ist, dass viele ältere Menschen das Bild haben, dass Pflegekräfte selbst schon älter und erfahren sein müssen. Sie verbinden unser Alter manchmal mit Unerfahrenheit, auch wenn wir unsere Ausbildung gemacht haben. Aber meine Erfahrung zeigt: Mit Geduld, Fachwissen und einem freundlichen, bestimmten Auftreten kann man auch skeptische Bewohner überzeugen.

Erfahrungen mit dunkelhäutigen oder ausländischen Pflegekräften

Ich habe auch Situationen erlebt, in denen Bewohner – manchmal bewusst, manchmal unbewusst – ablehnend gegenüber dunkelhäutigen oder ausländischen Kollegen waren.

Ein Bewohner weigerte sich zum Beispiel, von einem Kollegen aus Afrika gepflegt zu werden, weil er meinte:

Ich will von einem Deutschen versorgt werden. Das war für uns im Team nicht leicht, weil wir wussten, dass unser Kollege genauso kompetent war wie jeder andere.

Wir haben uns dann die Zeit genommen, das Problem in Ruhe anzugehen. Mein Kollege hat den Bewohner nicht bedrängt, sondern ihn erst einmal in kleinen Schritten unterstützt – ein Glas Wasser bringen, eine kurze Unterhaltung führen, einfach Präsenz zeigen. Nach einiger Zeit hat sich die Haltung des Bewohners verändert, und er ließ sich schließlich von ihm pflegen.

Ich habe oft gemerkt, dass Vorurteile oft aus Unsicherheit entstehen. Wenn die Bewohner sehen, dass sie gut versorgt werden, legen sich die meisten Bedenken von selbst. Natürlich gibt es auch Ausnahmen, aber ich denke, dass man mit Geduld, Empathie und Professionalität viel bewirken kann.

27. Sexuelle Probleme bei Senioren – Ein Tabuthema in der Pflege

In der Pflege begegnet man vielen Themen, mit denen man vorher vielleicht gar nicht gerechnet hat. Eines davon ist Sexualität im Alter. Viele stellen sich ältere Menschen als nicht mehr sexuell aktiv vor, aber die Realität sieht anders aus.

Auch im Pflegeheim gibt es Beziehungen, Sehnsüchte und manchmal auch Probleme.

Erfahrungen aus meinem Pflegealltag

Ich erinnere mich an eine Situation, in der zwei Bewohner heimlich eine Beziehung führten. Beide waren verwitwet und hatten sich im Heim kennengelernt. Sie trafen sich oft in einem Zimmer und hielten Händchen – eigentlich etwas Schönes. Doch als ihre Angehörigen davon erfuhren, gab es Diskussionen. Die Tochter der Bewohnerin meinte: „Meine Mutter ist zu alt für sowas!" und wollte die Treffen verbieten. Für uns als Pflegekräfte war das eine schwierige Situation. Wir wussten, dass die beiden glücklich waren, aber wir mussten auch die Wünsche der Angehörigen berücksichtigen. Am Ende haben wir es so geregelt, dass sie sich weiterhin treffen konnten, solange es für beide in Ordnung war.

Sexuelle Übergriffe oder unangenehme Situationen

Es gibt aber auch andere Momente, die schwieriger sind. Ich hatte mal einen Bewohner, der mich immer wieder an den Arm fasste oder anzügliche Bemerkungen machte. Anfangs dachte ich, es sei nur eine harmlose Eigenart, aber es wurde unangenehm. Besonders bei Bewohnern mit

Demenz kann es vorkommen, dass alte Verhaltensmuster oder fehlende Hemmungen dazu führen, dass sie Grenzen nicht mehr wahrnehmen.

In solchen Fällen ist es wichtig, klare Grenzen zu setzen. Ich habe dem Bewohner deutlich, aber freundlich gesagt: „Ich helfe Ihnen gerne, aber bitte fassen Sie mich nicht an." Meistens reicht so eine klare Ansage schon aus. Falls nicht, muss man das im Team besprechen und eine Lösung finden.

Sexualität im Alter sollte kein Tabuthema sein, aber es muss auch klare Grenzen geben – sowohl für uns als Pflegekräfte als auch für die Bewohner untereinander.

28. Gibt es Gewalt und Mobbing unter Bewohnern?

Ja – und es wird oft unterschätzt! Viele denken, dass es in einem Pflegeheim nur friedlich zugeht, aber das stimmt nicht immer.

Ich habe selbst erlebt, wie es zwischen Bewohnern zu Konflikten kam – sei es durch verbale Beleidigungen oder sogar körperliche Auseinandersetzungen.

Mobbing unter Bewohnern – mehr als nur Sticheleien

Ich erinnere mich an eine Bewohnerin, die regelmäßig von anderen ausgegrenzt wurde. Sie war sehr zurückhaltend und hatte Schwierigkeiten, sich in die Gemeinschaft einzufügen. Andere Bewohner machten abfällige Bemerkungen wie: Die ist doch komisch! oder mit der rede ich nicht. Sie wurde oft bei Gruppenaktivitäten übergangen, und es tat mir leid, das mit anzusehen.

Wir als Pflegekräfte haben dann versucht, sie mehr in Gespräche einzubeziehen und ihr das Gefühl zu geben, dass sie dazugehört. Mobbing gibt es nicht nur bei Kindern – auch unter Senioren kann es vorkommen, dass jemand ausgegrenzt oder schlecht behandelt wird.

Gewalt unter Bewohnern – wenn Konflikte eskalieren

Einmal kam es sogar zu einer handfesten Auseinandersetzung zwischen zwei Männern, die sich über eine Kleinigkeit gestritten hatten. Es fing mit einem Wortgefecht an, dann wurde einer von beiden so wütend, dass er dem anderen auf die Hand schlug. Zum Glück konnten wir schnell dazwischengehen, aber es zeigt, dass es auch im hohen Alter noch zu Aggressionen kommen kann.

Besonders bei Bewohnern mit Demenz kann es vorkommen, dass sie plötzlich aggressiv werden – oft ohne es wirklich zu wollen. Ich hatte mal einen Bewohner, der andere anschrie oder sogar um sich schlug, wenn ihm etwas nicht passte. In solchen Momenten hilft es nicht, laut zu werden oder zu schimpfen. Meistens beruhigt sich die Situation, wenn man ruhig bleibt und versucht, den Bewohner in eine andere Umgebung zu bringen.

Wie kann man mit solchen Situationen umgehen?

- Frühzeitig eingreifen: Wenn sich Konflikte abzeichnen, sollten wir als Pflegekräfte versuchen zu vermitteln.

- Opfer ernst nehmen: Wenn ein Bewohner erzählt, dass er ausgegrenzt oder schlecht behandelt wird, sollte das nicht ignoriert werden.

- Klare Regeln aufstellen: Gewalt darf in keiner Form toleriert werden, egal ob verbal oder körperlich.

Solche Situationen sind für uns als Pflegekräfte nicht immer leicht, aber sie gehören zum Alltag. Unser Ziel ist es, für ein angenehmes Miteinander zu sorgen – und manchmal bedeutet das, einzugreifen, bevor ein harmloser Streit eskaliert.

29. Applikationsformen in der Pflege

In der Pflege gibt es zahlreiche Applikationsformen, also Methoden, mit denen Medikamente oder therapeutische Substanzen verabreicht werden. Die Wahl der Applikationsform hängt von verschiedenen Faktoren ab, darunter der gewünschte Wirkeintritt, die Dauer der Wirkung, der Zustand des Patienten sowie mögliche Kontraindikationen. Die wichtigsten Applikationsformen lassen sich in enterale, parenterale, kutane und weitere spezifische Verabreichungsmethoden unterteilen.

1. Enterale Applikation

Bei der enteralen Applikation werden Medikamente über den Magen-Darm-Trakt aufgenommen. Diese Form wird oft bevorzugt, da sie unkompliziert ist und in der Regel gut vertragen wird.

a) Orale Applikation

Hierbei erfolgt die Verabreichung über den Mund (per os = p.o.). Diese Form ist die häufigste Art der Medikamentengabe.

Arzneiformen:

• Tabletten (mit oder ohne Bruchrille, magensaftresistent, Retard-Tabletten)

• Dragees (überzogene Tabletten zur besseren Schluckbarkeit)

• Kapseln (Weich- oder Hartkapseln mit Wirkstoffpulver oder Flüssigkeit)

• Lösungen, Tropfen, Säfte, Suspensionen (flüssige Arzneiformen für Patienten mit Schluckstörungen oder Kindern)

Wichtige Pflegehinweise:

• Patienten sollten ausreichend Flüssigkeit zu sich nehmen, um die Tabletten korrekt zu schlucken.

• Einige Medikamente dürfen nicht zerkaut oder geteilt werden (z. B. Retard-Tabletten).

• Einnahmehinweise beachten: nüchtern, zu einer Mahlzeit oder nach einer Mahlzeit.

b) Sublinguale und bukkale Applikation

Diese Applikationsform nutzt die Mundschleimhaut für eine schnelle Aufnahme in den Blutkreislauf.

Arzneiformen:

• Sublingualtabletten (unter die Zunge gelegt, z. B. Nitroglyzerin bei Angina pectoris)

• Bukkaltabletten (zwischen Wange und Zahnfleisch gelegt, z. B. bestimmte Schmerzmittel)

Vorteile:

• Schnellere Wirkung, da der Magen-Darm-Trakt umgangen wird.

• Besonders geeignet für Notfallsituationen oder wenn eine orale Einnahme nicht möglich ist.

2. Parenterale Applikation

Bei der parenteralen Applikation wird der Magen-Darm-Trakt umgangen. Dies geschieht meist durch Injektionen oder Infusionen.

a) Intravenöse Applikation (i.v.)

Das Medikament wird direkt in die Vene verabreicht, wodurch es sofort in den Blutkreislauf gelangt.

Typische Anwendungen:

• Schmerzmittel (z. B. Morphin)

• Antibiotika

• Notfallmedikamente (z. B. Adrenalin bei Anaphylaxie)

b) Intramuskuläre Applikation (i.m.)

Die Injektion erfolgt in einen Muskel, z. B. in den M. gluteus maximus (Gesäßmuskel) oder den M. deltoideus (Oberarmmuskel).

Typische Anwendungen:

• Impfstoffe (z. B. Grippeimpfung)

• Depotpräparate (langsam freisetzende Medikamente)

c) Subkutane Applikation (s.c.)

Das Medikament wird in das Unterhautfettgewebe injiziert.

Typische Anwendungen:

• Insulin bei Diabetes

• Heparin zur Thromboseprophylaxe

Pflegehinweise:

• Einstichstelle regelmäßig wechseln, um Verhärtungen zu vermeiden.

• Injektionswinkel beachten: ca. 45° bis 90°, je nach Nadel und Gewebedicke.

3. Kutane und transdermale Applikation

Hierbei wird das Medikament über die Haut verabreicht.

a) Topische Anwendung

Das Medikament wirkt direkt an der aufgetragenen Stelle.

Arzneiformen:

• Salben, Cremes, Gele (z. B. Kortisoncreme bei Hauterkrankungen)

• Lösungen (z. B. Antiseptika zur Wunddesinfektion)

b) Transdermale Applikation

Das Medikament wird über die Haut in den Blutkreislauf aufgenommen.

Typische Anwendungen:

• Schmerzpflaster (z. B. Fentanyl-Pflaster)

• Hormonpflaster (z. B. Verhütungspflaster)

Vorteile:

• Konstante Wirkstofffreisetzung über längere Zeit.

• Umgehung des Magen-Darm-Trakts.

4. Weitere Applikationsformen

a) Inhalative Applikation

Hierbei wird der Wirkstoff über die Atemwege aufgenommen.

Arzneiformen:

• Dosieraerosole (z. B. Salbutamol-Spray bei Asthma)

• Pulverinhalatoren

• Verneblerlösungen

Pflegehinweise:

• Patienten sollten die richtige Inhalationstechnik beherrschen.

• Nach der Anwendung Kortison-haltiger Sprays Mund ausspülen, um Pilzinfektionen zu vermeiden.

b) Rektale Applikation

Das Medikament wird über den Enddarm aufgenommen.

Arzneiformen:

• Zäpfchen (z. B. Paracetamol-Zäpfchen bei Fieber)

• Klysmen (z. B. Klistiere zur Darmreinigung)

Vorteile:

• Gute Alternative bei Übelkeit oder Bewusstlosigkeit.

c) Vaginale Applikation

Hierbei wird das Medikament über die Scheide verabreicht.

Arzneiformen:

• Vaginalzäpfchen (z. B. Antimykotika gegen Pilzinfektionen)

• Vaginalcremes

d) Ophthalmologische Applikation (Augenanwendung)

Medikamente werden ins Auge verabreicht.

Arzneiformen:

• Augentropfen (z. B. bei trockenen Augen oder Infektionen)

• Augensalben

Pflegehinweise:

• Tropfen oder Salben hygienisch auftragen, ohne die Flaschenspitze ans Auge zu bringen.

e) Otologische Applikation (Ohrentropfen)

Tropfen zur Behandlung von Entzündungen oder Ohrenschmalz-Ansammlungen.

f) Nasale Applikation

Hierbei werden Medikamente über die Nasenschleimhaut aufgenommen.

Arzneiformen:

• Nasensprays (z. B. abschwellende Mittel bei Schnupfen)

• Nasentropfen

Fazit:

Die Wahl der Applikationsform ist essenziell für die Effektivität der Therapie. Pflegekräfte müssen die jeweiligen Vor- und Nachteile kennen, um Patienten optimal zu versorgen und mögliche Komplikationen zu vermeiden. Eine korrekte Anwendung trägt zur Sicherheit und Wirksamkeit der Behandlung bei.

30. Häufig verwendete Medikamente in der Altenpflege

In der Altenpflege begegnen einem täglich die gleichen Herausforderungen – Schmerzen, Demenz, Bluthochdruck, Diabetes, Infektionen und vieles mehr. Medikamente spielen dabei eine zentrale Rolle, um den Alltag der Bewohner erträglicher zu machen und ihre Lebensqualität zu erhalten. Über die Jahre habe ich festgestellt, dass sich bestimmte Medikamente immer wieder auf den Medikationsplänen der Bewohner finden. Manche sind unverzichtbar, andere sorgen regelmäßig für Diskussionen im Team, besonders wenn es um Nebenwirkungen oder Wechselwirkungen geht.

1. Schmerzmedikation – Ohne geht es nicht

Schmerzen gehören leider zum Alltag vieler älterer Menschen. Arthrose, Osteoporose, Nervenschmerzen oder einfach altersbedingte Verschleißerscheinungen machen jede Bewegung zur Qual. Die gängigsten Schmerzmittel, die ich immer wieder sehe, sind:

• Paracetamol – Der Klassiker. Wird oft verordnet, weil es

den Magen schont. Allerdings bringt es bei starken Schmerzen kaum noch Linderung.

• Ibuprofen/Diclofenac – Gut bei Entzündungen, aber für viele ältere Menschen problematisch wegen der Nebenwirkungen auf Magen und Nieren. Viele Bewohner bekommen dazu Pantoprazol als Magenschutz.

• Metamizol (Novalgin) – Wird oft bei starken Schmerzen oder Krämpfen eingesetzt. Hat den Vorteil, dass es gut verträglich ist, aber kann den Blutdruck senken.

• Morphin, Fentanyl-Pflaster – Wenn die Schmerzen zu stark werden, greifen Ärzte oft zu Opioiden.

Die Pflaster sind praktisch, weil sie über Tage wirken, aber sie machen viele Bewohner müde und appetitlos.

In der Praxis sehe ich oft, dass Bewohner trotz Schmerzmedikation weiter über Schmerzen klagen. Nicht immer, weil die Medikamente nicht wirken – manchmal steckt auch Angst oder Einsamkeit dahinter.

2. Blutdruckmedikamente – Immer ein Thema

Hoher Blutdruck ist fast bei jedem Bewohner ein Problem. Und mit ihm kommen die typischen Medikamente:

• Ramipril, Lisinopril (ACE-Hemmer) – Sehr häufig, aber oft mit Nebenwirkungen wie Reizhusten.

• Amlodipin (Kalziumkanalblocker) – Senkt den Blutdruck gut, kann aber Wassereinlagerungen verursachen.

• Metoprolol, Bisoprolol (Betablocker) – Gut für Herz und Blutdruck, aber manche Bewohner fühlen sich dadurch schlapp.

• Hydrochlorothiazid (HCT) – Ein harntreibendes Mittel, das oft kombiniert wird. Viele Bewohner müssen dann häufiger zur Toilette, was nachts zum Problem wird. Immer wieder erlebe ich, dass Bewohner zu niedrige Werte haben, weil die Medikamente zu stark dosiert sind. Besonders nach einer langen Ruhephase (z. B. nachts) kann es zu Schwindel und Stürzen kommen.

3. Diabetesmedikation – Ein tägliches Ritual

Diabetes gehört bei vielen Bewohnern zum Alltag. Neben der richtigen Ernährung sind Medikamente entscheidend:

• Metformin – Standard bei Typ-2-Diabetes, aber manchmal schlecht verträglich für den Magen.

• Insulin (z. B. Actrapid, Lantus, NovoRapid) – Muss regelmäßig gespritzt werden. Manche Bewohner haben Angst vor den Spritzen, andere vergessen nach der Injektion das Essen – was zu Unterzuckerungen führen kann.

Gerade bei älteren Bewohnern ist der Blutzucker oft schwierig einzustellen. Zu niedrige Werte führen schnell zu Verwirrtheit oder Schwächeanfällen, zu hohe Werte wiederum zu Langzeitschäden.

4. Medikamente für die Psyche – Segen und Fluch

Viele Bewohner leiden unter Demenz, Depressionen oder Angstzuständen. Psychopharmaka werden oft verschrieben, aber nicht immer sind sie eine gute Lösung.

• Mirtazapin – Ein Antidepressivum, das oft genutzt wird, weil es auch den Appetit steigert. Viele Bewohner nehmen es abends, da es müde macht.

• Citalopram, Sertralin – Häufige Antidepressiva, die stimmungsaufhellend wirken.

• Tavor (Lorazepam) – Ein Beruhigungsmittel, das leider oft zu schnell eingesetzt wird. Es macht abhängig und kann die Bewohner noch verwirrter machen.

• Risperidon, Quetiapin – Werden oft bei Demenz mit Unruhezuständen eingesetzt. Können helfen, machen aber viele Bewohner schläfrig und unbeweglich.

Bei diesen Medikamenten gibt es oft Diskussionen im Team: Ist es wirklich nötig? Oder wird jemand ruhiggestellt, weil er

„stört"? Gerade bei Demenz ist das ein sensibles Thema.

5. Magenschutz und Magen-Darm-Medikamente

Viele Bewohner nehmen mehrere Medikamente, die den Magen belasten. Deshalb stehen Pantoprazol oder Omeprazol fast überall auf dem Medikationsplan.

Auch Verdauungsprobleme sind ein Dauerthema:

• Laxoberal-Tropfen, Movicol – Gegen Verstopfung, oft wegen der Schmerzmittel nötig.

• Loperamid – Gegen Durchfall, aber nur, wenn es wirklich sein muss.

• MCP-Tropfen (Metoclopramid) – Hilft bei Übelkeit, wird aber seltener verordnet.

6. Blutverdünner – Fluch und Segen

Viele Bewohner nehmen Blutverdünner, um Schlaganfälle oder Thrombosen zu verhindern. Aber sie erhöhen auch das Risiko für Blutergüsse und Stürze mit schlimmen Folgen.

• ASS 100 – Das Standard-Medikament zur Vorbeugung von Herzinfarkten und Schlaganfällen.

• Marcumar – Älteres Mittel, das eine regelmäßige

Blutkontrolle erfordert.

• Eliquis, Xarelto, Pradaxa – Moderne Blutverdünner, die einfacher in der Anwendung sind.

Hier ist Vorsicht geboten: Ein Sturz kann schnell zu gefährlichen Blutungen führen.

Fazit – Medikamente mit Bedacht einsetzen

Viele Medikamente sind unverzichtbar, aber oft ist weniger mehr. Besonders in der Altenpflege geht es nicht nur darum, Krankheiten zu behandeln, sondern auch darum, die Lebensqualität zu erhalten. Ich habe erlebt, dass Bewohner mit weniger Medikamenten oft wacher, aktiver und zufriedener sind. Deshalb ist es wichtig, immer wieder kritisch zu hinterfragen: Braucht der Bewohner das wirklich? Oder gibt es Alternativen?

31. Personalmangel in der Pflege – Arbeiten am Limit

Wenn jemand wissen will, wie sich der Personalmangel in der Pflege anfühlt, kann ich es ganz einfach erklären: Stell dir vor, du hast zehn Arme – und trotzdem reicht es nicht. Es gibt Tage, da rennt man von Zimmer zu Zimmer, schiebt Betten, verteilt Medikamente, hört sich Sorgen an, fängt

Tränen auf – und zwischendurch hat man nicht mal Zeit, selbst ein Glas Wasser zu trinken.

Früher dachte ich, es liegt an mir. Vielleicht bin ich zu langsam? Vielleicht muss ich einfach noch effizienter werden? Doch irgendwann merkt man: Es liegt nicht an einem selbst – es liegt am System. Es sind einfach zu wenige Hände für zu viele Aufgaben.

Ein großes Problem ist, dass immer mehr Kollegen ausbrennen oder den Beruf ganz verlassen. Wer bleibt, muss das auffangen. Eine Krankmeldung? Bedeutet oft: Doppelschicht. Urlaub? Nur, wenn es irgendwie reinpasst. Und trotzdem hält man durch. Warum? Weil da Menschen sind, die auf einen angewiesen sind. Weil man weiß, dass sie niemanden haben außer uns.

Aber genau das ist das Fatale: Die Pflege funktioniert, weil wir weit über unsere Grenzen gehen. Weil wir improvisieren. Weil wir das Beste aus einer beschissenen Situation machen. Doch wie lange kann das gutgehen?

Jeder in der Pflege kennt diesen einen Moment, wenn man nachts ins Bett fällt und sich fragt: „Wie lange schaffe ich das noch?" Und trotzdem steht man am nächsten Morgen wieder auf, zieht die Kasack an und geht los. Nicht, weil man muss – sondern weil man weiß, dass da jemand auf einen wartet.

Doch irgendwann reicht es nicht mehr, dass wir uns nur auf unseren Idealismus verlassen. Irgendwann muss sich wirklich was ändern. Denn wer soll sich um uns kümmern, wenn wir irgendwann nicht mehr können?

32. Missstände in der Pflege – Schweigen oder handeln?

Jeder, der in der Pflege arbeitet, kommt irgendwann an diesen Punkt: Man sieht etwas, das nicht richtig ist. Vielleicht eine Kollegin, die grob mit einem Bewohner umgeht. Vielleicht Medikamente, die falsch verabreicht werden. Oder eine Situation, die gefährlich werden könnte, weil mal wieder zu wenig Personal da ist.

Und dann steht man da und fragt sich: Sag ich was? Oder halte ich die Klappe, um keinen Ärger zu bekommen?

Die Realität ist: Wer den Mund aufmacht, macht sich nicht immer beliebt. Das haben wir schon immer so gemacht. Da mischst du dich besser nicht ein. Pass auf, wem du was erzählst. Solche Sätze hört man schnell, wenn man sich traut, auf Probleme hinzuweisen. Manchmal wird man als Nestbeschmutzer hingestellt, als Querulant, der „übertreibt".

Aber dann gibt es diese andere Seite: Die Bewohner. Die Menschen, die auf uns angewiesen sind. Wenn ich mich in ihre Lage versetze – wäre ich froh, wenn jemand für mich den Mund aufmacht, wenn ich es selbst nicht mehr kann? Die Antwort ist klar.

Natürlich gibt es Grenzen. Nicht jeder Fehler ist ein Skandal, nicht jede Überlastung kann sofort behoben werden. Aber wenn es um die Würde, die Sicherheit oder das Wohlbefinden von Menschen geht, dann sollte Wegsehen keine Option sein.

Ich habe für mich entschieden: Wenn ich sehe, dass etwas schiefläuft, spreche ich es an. Nicht laut, nicht vorwurfsvoll, aber bestimmt. Denn wer in der Pflege schweigt, macht sich irgendwann selbst kaputt – oder wird Teil des Problems.

33. Wenn die Welt frei hat und man selbst auf der Arbeit steht

Es gibt diese Tage, an denen fühlt sich die Arbeit doppelt so schwer an. Feiertage, Wochenenden, Sommerabende – während andere mit ihren Familien zusammensitzen, grillen oder einfach ausschlafen, zieht man sich seinen Kasack über und fährt zur Schicht.

Besonders an Weihnachten oder Silvester trifft es einen. Während überall Lichter leuchten und die Welt ein bisschen langsamer wird, klingelt für uns der Wecker wie immer. Kein gemütliches Frühstück, keine langen Nächte mit Freunden. Stattdessen Medikamente verteilen, Körperpflege, Dokumentation – als wäre es ein Tag wie jeder andere.

Und dann gibt es diese kleinen Momente, die es noch

schwerer machen. Die WhatsApp-Nachricht: Frohe Weihnachten! Habt ihr einen schönen Abend? – während man gerade einer Bewohnerin die Vorlage wechselt. Oder wenn man auf dem Heimweg die Straßen voller Leute sieht, die feiern gehen, während man selbst nur noch ins Bett will.

Manchmal fragt man sich: Verpasse ich zu viel? Wann hatte ich das letzte Mal ein richtig freies Wochenende? Und dann kommt der Gedanke: Andere haben frei, weil wir arbeiten. Krankenhäuser, Pflegeheime – sie können nicht einfach schließen, nur weil Feiertag ist.

Und so macht man weiter. Weil man weiß, dass es jemanden gibt, der sich freut, dass man da ist. Eine Bewohnerin, die sich an Weihnachten über ein paar Minuten extra Aufmerksamkeit freut. Ein Kollege, mit dem man um Mitternacht heimlich auf das neue Jahr anstößt.

Es ist nicht immer leicht. Aber manchmal, ganz selten, gibt es diese Momente, in denen man denkt: Irgendjemand muss es ja machen. Und heute war ich dieser Jemand.

34. Dokus über Missstände – Wie viel Wahrheit steckt drin?

Pflege-Dokus sind mittlerweile ein fester Bestandteil der Medienlandschaft. Sie zeigen uns die düsteren Seiten der Altenpflege, Missstände, Überlastung und Skandale. Und ja, es gibt sie – diese Momente, in denen die Pflege wirklich an ihre Grenzen stößt. Aber wie viel von dem, was uns in den Dokus gezeigt wird, entspricht der Realität?

Die Wahrheit ist: Es gibt Missstände, keine Frage. In vielen Einrichtungen ist das Personal knapp, die Arbeitsbedingungen sind oft alles andere als optimal, und der Druck auf Pflegekräfte ist enorm. Aber oft wird in den Dokus ein Bild gezeichnet, das nur einen Teil der Wahrheit zeigt. Was fehlt, sind die positiven Aspekte, die viele von uns tagtäglich erleben: die Dankbarkeit der Bewohner, die kleinen schönen Momente, die sich trotz allem im Pflegealltag finden.

Die Dokus fokussieren sich häufig auf die schlimmsten

Fälle, auf das Drama, auf die Härte des Systems. Natürlich bekommt man als Zuschauer dadurch einen Einblick in die schwierigen Seiten des Berufs. Aber was viele nicht sehen: In vielen Einrichtungen wird auch viel getan, um die Bedingungen zu verbessern, sei es durch Weiterbildungen, bessere Arbeitszeiten oder ein freundliches Miteinander im Team. Das sind Dinge, die nicht so dramatisch sind und daher nicht ins Fernsehen kommen.

Es ist wichtig, sich bewusst zu machen, dass die Pflegebranche ein komplexes System ist. Es gibt schwarze Schafe, aber auch unglaublich engagierte und liebevolle Pflegekräfte, die ihr Bestes geben – und das wird in vielen

Dokus oft zu wenig gezeigt. Wenn wir also diese Filme und Berichte sehen, sollten wir nicht nur mit einem kritischen Blick auf die Missstände schauen, sondern auch auf das, was gut läuft und wie viel Herz und Einsatz in dieser Branche steckt.

Die Doku vermittelt einen Teil der Wahrheit – aber eben nicht die ganze. Wer die Pflege wirklich verstehen will, muss sich auch die andere Seite anschauen. Und die ist oft viel komplexer, als es die Kameras zeigen können.

35. Worte des Dankes

Liebe Leserinnen und Leser,

ich möchte Ihnen von Herzen für das Lesen meines Buches danken. Es bedeutet mir sehr viel, dass Sie sich die Zeit genommen haben, in die Seiten einzutauchen und einen Einblick in meinen Alltag als Altenpfleger zu gewinnen. Dieses Buch ist nicht nur eine Sammlung von Erfahrungen und Erlebnissen, sondern auch ein Ausdruck meiner Leidenschaft für den Pflegeberuf und der Wertschätzung, die ich für die Menschen empfinde, mit denen ich täglich arbeite.

In der Altenpflege begegnen wir oft Herausforderungen, die sowohl körperlich als auch emotional fordernd sind. Doch es sind die kleinen Momente des Glücks, die uns motivieren und uns daran erinnern, warum wir diesen Beruf gewählt haben. Ich hoffe, dass ich Ihnen durch meine Geschichten und Erlebnisse ein Stück dieser Welt näherbringen konnte. Es ist mir ein Anliegen, die Realität der Altenpflege darzustellen – die Höhen und Tiefen, die Freude und die Trauer, die uns prägen und die uns als Pflegekräfte stark machen.

Ich möchte auch betonen, wie wichtig es ist, dass wir als Gesellschaft die Altenpflege wertschätzen und

unterstützen. Jeder von uns hat das Potenzial, einen positiven Einfluss auf das Leben älterer Menschen zu haben, sei es durch ein Lächeln, ein offenes Ohr oder einfach durch das Verständnis für ihre Bedürfnisse. Ich hoffe, dass mein Buch dazu anregt, über die Rolle der Altenpflege nachzudenken und die Menschen, die in diesem Bereich arbeiten, zu unterstützen.

Ein großes Dankeschön gilt auch denjenigen, die mich auf diesem Weg begleitet haben – meinen Kollegen, meinen Vorgesetzten und vor allem den älteren Menschen, die mir ihr Vertrauen geschenkt haben. Sie sind die wahren Helden in dieser Geschichte, und ich bin dankbar, dass ich Teil ihrer Lebensgeschichten sein darf.

Ich hoffe, dass Sie beim Lesen meines Buches nicht nur Informationen über den Alltag eines Altenpflegers erhalten haben, sondern auch Inspiration und Motivation, sich für die

Belange älterer Menschen einzusetzen. Lassen Sie uns gemeinsam daran arbeiten, eine Gesellschaft zu schaffen, in der jeder Mensch, unabhängig von seinem Alter, die Würde und den Respekt erhält, den er verdient.

Vielen Dank, dass Sie sich die Zeit genommen haben, mein Buch zu lesen.

Ihre Unterstützung und Ihr Interesse bedeuten mir sehr viel. Ich freue mich darauf, weiterhin über die Themen der Altenpflege zu schreiben und hoffe, dass wir gemeinsam einen positiven Wandel in der Wahrnehmung und Wertschätzung dieses wichtigen Berufs bewirken können.

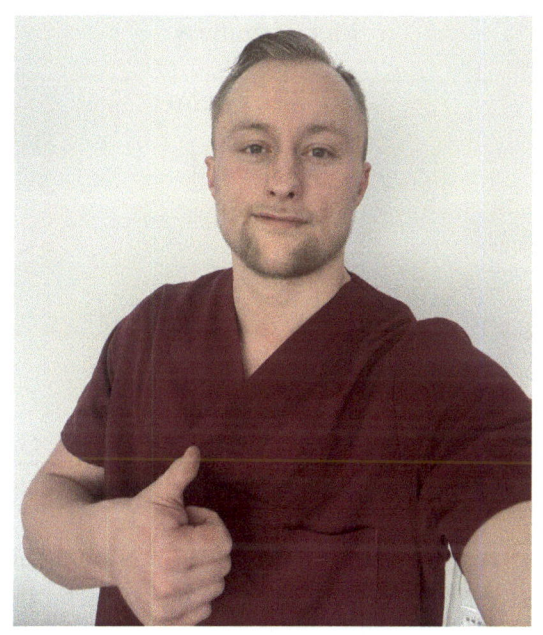

Herzliche Grüße

Erwin Bestvater

Impressum

Autor & verantwortlich für den Inhalt nach § 55 Abs. 2 RstV:

Erwin Bestvater

Metzerstraße 8

58332 Schwelm

Deutschland

E- Mail: bestvater95@web.de

Verlag: BoD · Books on Demand GmbH, Überseering 33, 22297 Hamburg, bod@bod.de
Druck: Libri Plureos GmbH, Friedensallee 273, 22763 Hamburg
ISBN: 978-3-8192-7791-7